luminosity luminosity luminosity
luminosity luminosity luminosity luminosity
luminosity luminosity luminosity luminosity
luminosity luminosity luminosity luminosity
luminosity luminosity luminosity luminosity
luminosity luminosity luminosity luminosity
luminosity luminosity luminosity luminosity
luminosity luminosity luminosity luminosity

luminosity

luminosity luminosity luminosity
luminosity luminosity luminosity luminosity
luminosity luminosity luminosity luminosity
luminosity luminosity luminosity luminosity
luminosity luminosity luminosity luminosity
luminosity luminosity luminosity luminosity
luminosity luminosity luminosity luminosity
luminosity luminosity luminosity luminosity

心要好好放，
安好自己的心，
放好自己的心，
才能好好的過生活。
心要好好放
暢銷作家
黃子容 著

心要好好放，人要好好過

黃子容

心要好好放，安好自己的心，放好自己的心，才能好好的過生活。

人們總是要遇到挫折困難之後，才會想要改變自己的生活。我們的生活也逐漸在遇到某些瓶頸以及阻礙之後，會讓人想要努力創造更舒適的生活環境以及更寧靜的生活美好。

近年來的疫情，我想每一個人都有著很大的改變，不僅是生活方式的改變，面對生活的心態上、工作態度以及人們的價值觀，也開始有了一些不同程度的改變與修正。

有些人開始去思考未來的日子，到底我們該怎麼過？

在疫情期間，我也非常努力的分享許多的文章，還有不定時的直播，陪伴著大家，期望在生活當中，大家心情都能夠穩定、平實。

疫情期間，「安心」是重要的工作。

「安心」兩個字，不再是名詞，「安」是動詞，安放好自己的心，安置好心的狀態。

現在的工作量比以往有座談會時更重，因為我知道安心與顧好自己的心，在這段期間非常重要，也就是在這樣的生活中，更能夠體會一個人的心要好好放的重要性。

這段時期，每個人都很容易擔心焦慮，有時候因爲過多的擔心，無法好好平靜的去思考，過多的焦慮或者是憂鬱負面，更難讓人放心去生活，總是擔憂未來太多變數，不知道未來還會面臨什麼樣的未知？就算做好心理準備，無常來得太快，根本無法預料。

「心要好好放」這本書的重點在於如何安心？

安放了心，才能放心。唯有放心，才能好好安置這顆心。

心要怎麼放？

安放好你的心，安置安放好「心」之後，「心」安好、自在，人生才能走向舒適與安心。

這本書深層的談到如何照顧你的心。

既然談到照顧自己的心，我們就需要知道，你的心怎麼了？

你的心，受了什麼委屈？

你的心，有什麼苦？

是你過去一直壓抑的，無法解釋無法說出的。

也許顧及別人，所以不能說真話，也許顧及他人感受，你不能表達，也不能表現不悅，壓抑自己心底的感覺，讓你的心焦慮慌恐，過得小心翼翼。

我想很多人都有這樣的感受，明明知道自己的心難過，卻不敢說，也不敢表達，甚至只能隱藏這些感受與苦痛，好像只要沒有人提起，這個痛就可以暫時忘記，沒人觸碰就不會難過。

這樣的委屈，我相信很多人都有。

請你告訴自己：你辛苦了！

希望你在閱讀這本書的時候，先把自己的心、自己的感受擺在第一位，我們要好好放好自己的心，「心要好好放」，必須先了解自己的心怎麼了？

試著去面對與了解自己的負面情緒，讓你知道自己的心，怎麼了？

先好好了解自己的心怎麼了？先好好知道自己的心怎麼了？才能知道怎麼照顧它？才能知道怎麼做，可以好好放好你的心，安好你的心，心才能好好放。

先學習了解心的感受，面對負面情緒，想要消除負面情緒，那是以後的事情了，先不急著想要消除所有的負面情緒，你必須先學會面對與了解，才能知道如何應對。

很多朋友閱讀我的書籍已經許多年了，大家一直不斷地在生活中學習「念轉」，凡是遇到挫折或是困難時，努力地「念轉」讓自己擁有更多的勇氣面對難關，大家都非常認真的學習人生課題，也都做得越來越好。

但是，也有人開始壓抑自我的情緒，把「念轉」視為「不能有負面情緒」、「不能生氣」、「不能有負面想法」，我想告訴大家，你可以擁有負面情緒，也可以有負面情緒的宣洩，更可以對某些事情生氣，這完全是你的情緒，完全可以表達自我的情緒與感受，不會因為你表達了情緒的感受，就以為沒把念轉的功課做好，不是這樣的！

不要害怕這樣的負面情緒，也不要畏懼負面的能量襲擊而來，有時候這些能量或情緒，都是人生活當中必然會遇到的，不要去抗拒它，也不要認爲自己有這樣負面的情緒是不對的。

我們是人，不是神，不可能完全沒有負面情緒。

有時候，心混亂，不知所措的當下，我們都應該正視自己負面的情緒，進而瞭解情緒當中所帶有的期待或真實的意義。

到底是什麼樣的情緒感受，造成了你現在當下的悲傷難過？

亦或是發生了什麼事情，造成心情上的失落？讓你感覺到孤單寂寞？

我們都可以去面對負面情緒的產生，去思考。

人在許多的期待當中，當落空的情緒出現時，人必然會感覺到焦慮、失望、悲傷，當這些情緒出現的時候，我們應該不是壓抑情緒，或是掩蓋自我情緒表達，應該更正視它以及更接受自己表達這些情緒上的真實性。

讓我們表達出來吧！讓我們說出來吧！甚至讓我們哭出來吧！

很多人都覺得自己在學習一個正向觀念，是正向的人，所以不可以有負面的情緒。

有人解釋著念轉，認為自己不能夠有負面的想法，不能夠有負面的情緒，當你忽然間意識到自己有一點悲傷負面情緒的時候，就開始害怕，擔心自己是不是沒把念轉的課題做好？然後這樣的壓力造成內心過大的壓抑。

其實我們都不需要太過於壓抑自己的情緒表達，我們要做的是，學習如何做到能夠切實的表達自己情緒，讓周遭的人清楚明白，而且不受傷。

而且負面情緒的出現，我相信是一種助力及動力，有了負面情緒，人們才能了解到我們負面情緒的影響，你會想要改變，或是想要變得更好，所以負面情緒的面對與處理也是非常重要的。

在能夠真實自由表達情緒時，你就更能夠自由自在的與他人相處跟生活。

其實我們都不要去畏懼自己或他人的負面情緒，更要正視它，了解它，然後我們願意用最大的耐心去包容自己跟包容他人，各自也有表達情緒的自由跟權利。

所以，比起正向思考，處理負面情緒更需要勇氣，正視自己的負面情緒和恨意，更需要勇敢。

你可以討厭一個人，也可以選擇恨一個人，甚至於可以拒絕跟誰相處，這些都是你的選擇，沒有人可以因為你恨誰就批判你。

想要不恨一個人，不討厭一個人，先接受自己可能就是討厭他、恨他的事實吧！

為什麼不敢說？

你可以『選擇不說』，但絕對不是『不敢說』！

這是你的選擇，而你選擇表態你的情緒，沒有人可以說你不對！

要處理自己的恨意與負面情緒，第一件事情就是先學會接納這些情緒吧！

這些情緒的背後一定有著深層受傷的情緒，而那些傷人的人，是不會看見傷口，只有受傷的人感覺到傷口的存在，那麼就先接納自己傷口的疼痛，不需要偽裝沒有傷口或是傷口不痛了。

你討厭誰都可以，你願意原諒誰，也可以，至少你真的面對了自己最真實的心情與感受，這是非常正常的情緒表達。

誰都不能叫你原諒或放下，因為他們不是受傷的人。

你有表達情緒的權利，你也可以選擇恨一個人，來表達你內心的不滿與憤怒，沒有人要你當聖人，成為一個什麼都原諒的人，你的開心跟舒坦最重要，那也許是一種宣洩，必經的過程。

恨累了，稍微休息一下，轉移注意力或者找到了新的生活目標與方式，又或者你已經開始不在意某個人了，你的心也漸漸忘了，或者他已經得到他的結果了，這些過程都需要時間，不急著證明什麼，也不急著學習放下或原諒。

但真的恨了他，又能怎麼樣？自己一直處於恨人的狀態，會不會讓你感覺到不開心？

恨一個人可以，討厭一個人也可以，但我要建議你的是，真的不要花太多時間在這樣的人事物上，那真的太不值得了。

但我也沒有辦法叫你不要這麼做，一切都要自己經歷過後，才能知道自己真正的情緒。

也許你剛開始花了很多時間精力在這件事情上面，但漸漸地，一定要讓這樣的次數與想法越來越少，這是我要談到的方法，希望可以幫助你找到一個適合自己的方法。

第一：控制減少想起來的次數或恨意。當你又想起這難過傷心的過往，提醒自己要學習控制情緒，學會壓抑自己的恨意，這時候出現的壓抑是好的，你必須學會控制與壓抑，才不會花太多時間在這些事情上面。越少想起越是好事，忘記了更是絕佳的事情。不是不能恨，不是不能想起，是希望你想的次數越來越少，越來越能夠控制自己想起來的次數，就是一種進步，一種你願意學習控制自己思緒的進步的開始。

多想起一次，對自己沒有幫助，那麼可以減少想起來的次數，就可以減少情緒的起伏，也是一件學習控制的好事。

第二：轉移注意力。開始學習轉移注意力，當你又陷入難過悲傷或者憤怒的情緒時，轉移自己的焦點，去做些別的事情，別讓自己悶著頭一直想這件事情或是這個人，找個事情讓自己去做，或是立即轉移注意力做些事情，跟這件事情無關，就是不要讓自己一直沈浸在這個事件當中，轉身去買東西逛便利商店、玩手遊都好。

轉移注意力也是學習轉換情緒，有時候我們跟他人起爭執時，一直執著在某些爭執點上沒有結論，這時候不妨讓自己多些空間思考或是轉換情緒，轉移注意力是個非常有用的方法。

第三：讓自己精疲力竭。讓自己的生活忙碌起來，給自己很多事情做，安排些活動讓自己參與，多些事情讓自己忙，就能夠用空間換取時間，多些時間之後，就能夠漸漸淡忘，偶爾想起也許還是會憤怒或難過，但多少可以淡化一些悲傷或恨意。讓自己夠忙夠累，就沒有體力和心思想起。

第四：意識要改變。當你逐漸浪費很多時間在這件事情或是這個人身上，你若是可以意識到這樣的狀態，這是一件好事，因為你清楚地知道自己浪費了多少時間在這樣的人事物上，你就會想要改變，意識到要改變時，恨意與憤怒也逐漸減少了，這時候你就會開始驚醒，想要改變，不想要再浪費生命與寶貴的時間。

因為你知道，耗費你人生中太多的時間去恨一個人，絕對沒有太大的幫助。

但這一切一定要用時間去換得，一定要由時間去經歷，否則你不會覺察到自己花了那麼多時間，或者浪費了那麼多時間。

不能覺悟這一點，就會陷入憤恨當中，一直無法跳脫，被仇恨綁架，終日憤恨，浪費了青春與時間，更讓自己痛苦與不快樂。

若能早點想通，真的就不會浪費時間去恨一個人。

總要走到這一步，才能意識到自己不能再浪費時間了，這些過程是必須的，也都是有意義的。

當然，每個人從負面情緒到清醒鎮定，需要花多少的時間？每個人都不一樣，就看你自己消化負面情緒的過程，這些步驟都可以提供給你參考。

讓這些情緒走完吧！真正接納這些情緒，你才能真正的好起來。

因為人生很苦，體驗到人生的苦痛，因此要學習「拔苦」，減少煩惱痛苦，才能有自在的人生。

而修心便是最需要做的功課，這本書中我們分了五個章節來分享「心要好好放」的功課。

章節有：心要好好修、話要好好說、日子好好過、事要好好做、可以好好愛。

心要好好放，人要好好過，期待這本書可以給大家帶來更多心靈穩定的力量，把我們的心都好好的放好，讓我們的生活都能夠安穩踏實的過好。

期待大家能在閱讀完這本書籍時，也能夠找到屬於自己「好好放心」的方法，也許你和我的方法不同，但是我們有著相同的目標，就是「心要好好放」，自在過生活，在我們明瞭自己生活的重要性之後，開始重視自己的人生，提早知道這樣的道理，提早做改變，我們就可以為自己帶來不同的人生，我們就可以真正的開始好命。

這樣，我們在追求自己人生的目標，或者是在學習人生的課題中，我們會過得更真實、更清楚，以及更瞭解自己內心的需要。

這是一種對自己更深一層的認識，也是對自我最深層的接納。

善於瞭解自己，然後懂得善待自己，讓自己好好的過日子，之後，才能夠真正過自己開心的生活。

自序

心要好好修

話要好好說

日子好好過

事要好好做

可以好好愛

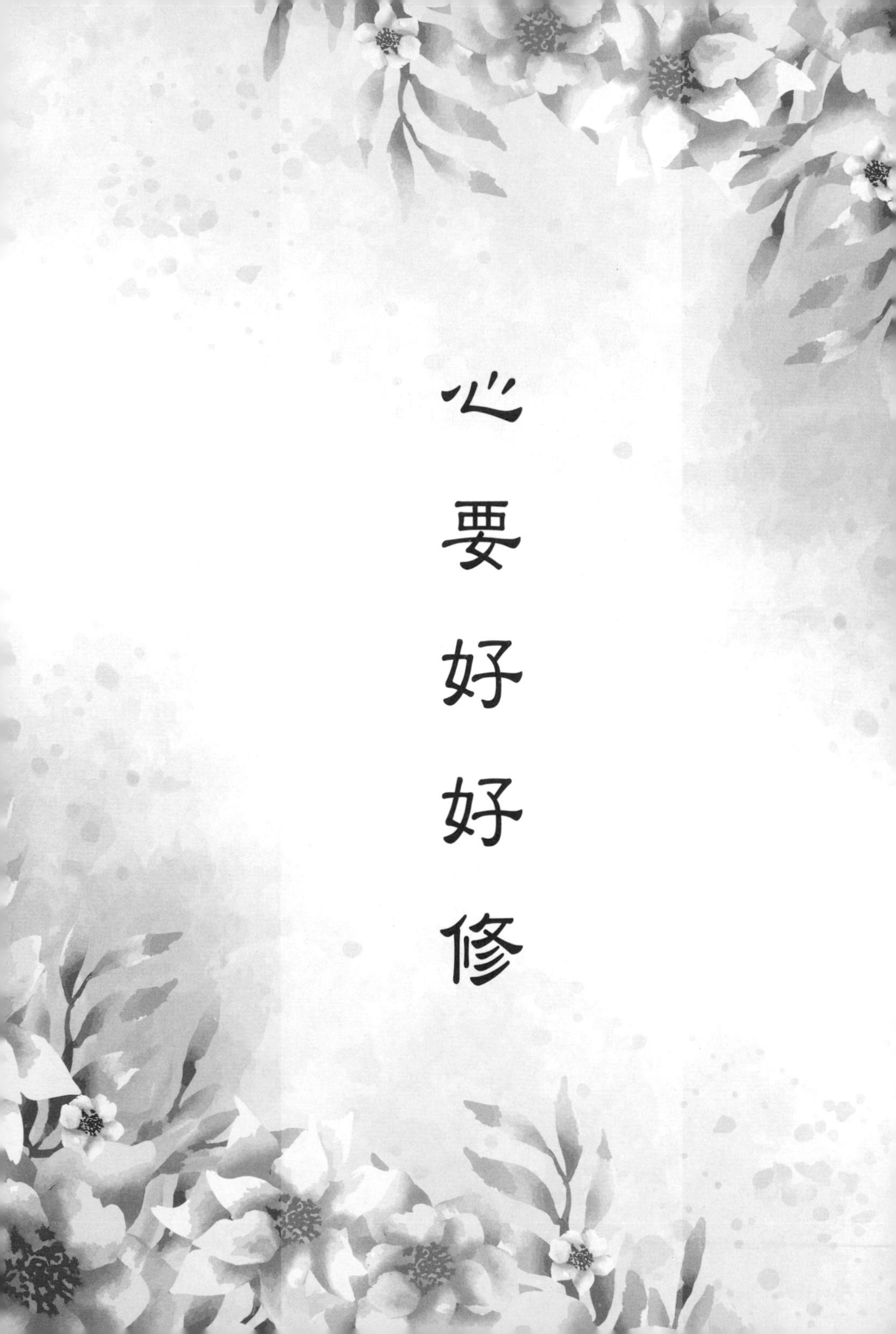

心要好好修

人生時時刻刻都在做選擇

人生就是一連串的選擇，這些選擇也許沒有好壞對錯，只有當下對事件的認知、自我意識與判斷，跟對錯是無關的。

當下你的認知，對於這件事情的了解，於是讓你做出了這樣的決定。所以，選擇沒有對錯，只有你當下的判斷，跟你對這件事情的瞭解，沒有所謂的好壞對錯。

過去我們說過，人生就像站在無數個十字路口，每次遇到要往下一個路口走的時候，就要做出選擇，沒有人知道哪條路比較好？只有當下的你，比較想往哪個方向走？

當下必須做出選擇的時候，也是考驗的時刻。

就算最後走到了路途中，感覺自己走錯路，可能可以在下個路口再重新做選擇，萬一無法重新做選擇，你會知道這一路走來有別的風景，有了人生不同的際遇，也是一件好事，也是值得人生經歷的風景。

也可能這個選擇帶領你走到了完全不同的地方，有了完全未知的人生規劃與旅程。

其實每段路程都有其意義，所以，所有的經歷都是最好的安排。

人生，常常被迫做出選擇，你不想選擇的時候，可能出現了一個難題，強迫你面對，必須做出選擇，這也是考驗智慧的時刻，在越艱難的情況下，做出的選擇，對自我來說也是一種訓練。

人生本來就是不斷的根據大大小小的事情，來做選擇的，你自己想要什麼？對你最好的是什麼？而你願意接受的是什麼？學習做選擇，其實是一連串大大小小的訓練。

當然，有些選擇未必是真的好，例如說會危及生命，或是會傷害自己，導致自己遭受損失或是傷害，這些當然就不是最好的選擇，做出選擇之前，你都有機會可以選擇不傷害自己的選項，或是不會讓自己招致損傷的選項。

如果人生可以重來，你當然可以選擇更好的人生，以及做出不同的選擇，你就不會讓自己陷入困境當中，但是千金難買早知道，很多事情都是要經歷過後才能明瞭。

世界上所有的選擇都是需要承擔選擇過後的結果。不會因爲你不想選，就可以規避責任，就算不選，也是要背負不做選擇的結果。

人生中，要做的選擇都太多，太難了。

這段期間，我一直不斷的在去思考一個問題，我們到底要如何安放我們的心，要如何顧好我們自己的心？

當然菩薩也給了我一個課題，就是在這段期間要把大家的心好好的顧好，能夠多寫一些文章，或者是能夠多跟大家聊聊，也算是一種陪伴，也希望藉由文字能夠安定大家的心。

這段時間，能夠體會一個人的心要好好的放，放好了之後，你才有能力可以去照顧身邊的人，才更有餘力可以去做更多的事情，而且可以把生活都過得更好。

所以，當你的心好好放的時候，人就可以好好過。

當我們的生活都可以好好過的時候，就能夠散發出更多正向的力量，更多正向思考去影響身邊的朋友。

先好好放好自己的心，就能夠漸漸影響到身邊的親朋好友，也慢慢安好他們的心。

人生有了勇氣，做選擇就不怕難，願意承擔，所有的選擇都是學習的一種路徑而已，只要心堅定，都可以努力到達目的地。

就算多繞了幾圈才到，也是經過了許多學習，多了很多的人生經驗，沿途的風景，都是人生的養分，所遇到的人事物，都是人世間最美好的相遇。

路徑不同，只要有耐心，只要你願意，一定可以到達的。

人生選擇其實無關對錯，沒有標準答案，不要去期待有一個人可以告訴你人生的標準答案，因爲那個標準答案也許就是那個當下，再過了一段時間，你的想法不同了，所經歷的不同了，成長的也不同了，你會有新的想法跟新的決定，那又是你另外一種答案，所以，也許當下的答案跟期待的不同，但都是你當時最佳的答案，最好的選擇，一旦你深思熟慮想過了之後決定要做了，那麼就去做吧！

沒有人一輩子都是贏家，一定會有輸的時候，也會有犯錯的時候，也會有碰壁的時候，也會有遭受質疑的時候，沒有人可以告訴你結果是什麼，結果都是經驗累積而來的，我們活著是爲了證明你自己，不是爲了要證明給別人看，所以別在別人身上找答案，有選擇是一件很好的事情，去做自己想要做的選擇，總會釐清問題。

認真思考之後，選你自己想要的答案，做你自己想要的選擇。

做了選擇之後，就不要後悔了，人生時時刻刻都在做選擇，每一個選擇，它的過程跟經歷，其實都是非常值得的。

不要活在別人的期望裡

有時候，我們爲了想要達到別人的期望，很可能失去了自己的方向，跟自己最基本的價值。

有時候，爲了要符合別人的期待以及期望，你會努力的去創造出別人想要的樣子，但這樣子未必是你真正想要做的。

我們做一件事情，做一份工作，本來就應該要盡自己的本份，把份內的工作做好，跟活在別人期望裡是不同的，做好一件事情，本來就是你該做的，做好工作份內的工作，本來就是應該的。

這裡所謂不要活在別人的期待裡，是你一直都在附和他人，失去了自己想要的，不清楚對自我的認識跟看法。

有時還會因爲別人對你貼上了標籤，你很努力的想要擺脫這些標籤，而失去了自己的方向，或者是想要符合別人的期待，而失去了自己的本願，都是因為太在意他人的看法，而失去了對自我價值的認同。

當然，別人對你會有所期待，你自己也會對自己有所期望，但有的時候必須要爲自己找到方向，不是一味的只是想要完成別人眼中的自己。

有些人沒有辦法做自己，太在意別人的看法，太過於在意別人的期望，所以完全不知道自己的方向在哪裏？

別人說了一件事，就努力的去達成，然後得到別人的讚美讚賞，到了下一刻鐘，他又繼續的去尋求別人口中的自己，努力的做到最好，當然這是很好的，但有時候太過於在意別人的看法，會讓自己活得非常累，因爲你的心要常常去追逐別人期待的夢想，或者是你的心要常常去完成別人的期望，這個心會過得很辛苦，所以我才會建議大家，不要活在別人的期望裡。

選擇符合他人的期待，不如創造自我的價值，設定自己的期望，然後努力的去完成它，這個完成，是符合自己期待的，也能夠讓別人看見你的價值，這才是真正重要的。

有些人生活的壓力很大，重視別人的期待，例如：有人覺得你很努力的在學習念轉，然後對著你說：你不是很會念轉，那是不是不應該生氣？

有的人因為很在意別人這樣的說法，他就壓抑下自己真實的情緒，因為希望別人看見你的好，而忘了應該面對真正的自己？

我們都可以有自己的情緒，因為我們不是神，不要因爲修行的課題，連點情緒都不能有，這個就太誇張了。

有人常常把念轉運就轉放在嘴巴上，期望自己因爲念轉而達到生活當中的平衡，因爲念轉而讓自己更好，所以不斷的告訴自己：不要生氣。這當然很好，這是學會控制自己情緒的方式。

但是我們是人，難免會遇到失控，或是難以控制的情況，怎麼可能一點點情緒都沒有呢？

我覺得有時候不要太矯枉過正，應該生氣的時候，該爲這件事情感到憤怒的時候，其實就應該要順著情緒，讓這些情緒適當的宣洩，或者學習適當的表達情緒。

讓身邊的人也知道你現在的情緒走到了哪一個點？

我覺得我們應該可以學習的是適當的表達我們的情緒，因爲我們是人，不可能連喜怒哀樂都不表達，也不可能永遠一天二十四小時都在念轉，強迫自己不要生氣。

太過於壓抑的情況下，只會讓你有一天情緒崩潰爆發出來，所以我們需要學習表達情緒。

不要忘記，我們是人，我們擁有自己的情緒，我們擁有喜怒哀樂，我們不是神，不可能完全沒有七情六慾，既然如此，我們是人，就應該在情緒當中好好修行，在情緒當中好好學習，我們要學習的是控制情緒跟表達情緒，絕對不是學習完全不能有情緒，這不是我們真正要學習的目的。

所以，學習了解情緒，表達情緒，控制情緒，才是我們真正認知到需要學習更進一步的地方。

不要活在別人的期望裡，你可以做你自己，創造出自己的價值，活出該有的樣子。

一時的不幸，不是永遠的不幸

不要用一時的不如意來斷定自己的人生～「這輩子就這樣了，好苦」。

其實只是一時的不幸，並不代表你人生所有的不幸，也並不代表你這一輩子都是不幸的人生。

人生中，有失去，就會有得到，那麼有得到，也會有失去的片刻。

幸福也許不會是永遠的，但是努力一直追求自己的幸福，是我們必須要一直努力的。

失去也是一種動力，因為失去，讓我們體會到恐懼害怕，你會知道失去的痛苦，才能體會珍惜的必要。

有時，失去是必要的過程。

有了過去，你才能夠看見現在的美好，現在擁有的，讓你體會到，原來過去失去是必要的，是一定要經歷的。

因爲有這些失去，有這些經歷，你才會知道現在所擁有的，都是最好的安排。

你不一定要等到失去才懂得珍惜，也不需要得到別人的認可，才能證明你自己的價值。

一個人若從來沒有失去過，不會了解痛徹心扉的感覺，失去的當下，有時讓你體會到自己真正想要的是什麼？也可能是幫助你重新思考的關鍵，讓你看見問題，看見當下內心真正想要的。

很多事情，失去是現在必要的條件，失去之必要總在失去之後，才能夠懂得珍惜。

人必須經歷失去，才能逐漸擁有現在的自己。

失去，其實是一件非常值得慶幸的事情，如果當初你沒有失去，你不會體會

到珍惜的重要，你不會知道現在所擁有的，是多麼的珍貴。

失去是一個動力，因爲有失去，就會想要再得到。

因爲失去，會想要更加的努力，去讓自己沒有遺憾，或讓自己再次獲得，所以失去是一種動力。

習慣的養成是一件可怕的事情，有動力，有好的習慣，就能夠改變你的人生。

害怕失去，就要讓自己學會改變，慢慢養成對一件事情的習慣，然後不斷的練習，讓這件事情變成一種習慣，讓練習變成一種願意改變的動力。

有了動力，有了習慣，你的人生就會有改變的契機。

一時的不幸，不是永遠的不幸，一時的失去，也不是永遠的失去，你想改變，就從小小的習慣養成開始，你會發現，人生正在轉變中，你過去曾經有過的不幸，也能變成幸福的開始。

讓不幸變成改變的開端，變成迎向幸福的起點。

定義自我價值

如何讓自己成爲一個有價值的人呢?

我們應該都要學會看見自己的需要，看見自己的成長，學會獨處，不過於批判自己。

也許你曾經一直不斷地檢討自己不夠完美，對於事物太鑽牛角尖，太要求自己或身邊的人，甚至於太在意別人的評價，那麼這些都會造成你內心很大的恐懼與不安，讓你一直處在焦慮中，想要成為完美的自己，也還想要成為別人眼中完美的那個人。

因爲一直在比較，就會害怕自己在現實生活當中，失去了別人眼中的價值。

所以會不斷的想要去檢討自己，但其實我們最需要的是認識自己，瞭解自己，看見自我的價值。

你的自我價值，不應該被外界定義成爲某一個人。

你應該是被自己肯定，你是有價值的，所以有時候我們聽到外界的聲音，在批評別人的時候，都是帶有強烈性的字眼，影響我們對這個人的判斷，但這些字眼，怎麼能夠代表一個人的價值呢？

只有你自己可以定義自己，不應該由別人來定義你。

也許有人會因爲你的工作經歷，或者是你的外表長相而來貶低你，但其實我們都需要學習肯定自我。

如果你認爲自己夠好，就不再需要依賴著別人給予你的肯定，如果你認爲自己不夠好，就需要更多的學習與肯定自我的認同。

這個價值是你自己給予自己的，不要用社會價值觀捆綁自己，也不要讓自己主觀認為不如別人，而感覺到焦慮或惶恐，擔心被取代。

如果可以提升對自我的認知，建立自信，就比較不會在意別人的看法了。有些人會有所謂的低落自我價值，就是他們常常覺得自己不夠好，而羨慕別人。

羨慕他人總是可以找到帥氣的另一半，漂亮的另外一半，然後認為自己的學經歷又不夠好，在工作上又沒有表現，工作沒有成就，常常覺得自己不夠好，無法跟別人比較，因此就落入低落的自我價值，覺得自己生活在這樣的環境中，或是生存在這樣的工作環境下，永遠都是不夠好的，不管自己再怎麼樣努力，永遠都覺得不會有出頭天的那一天。

但是對於成就的追求又非常的渴望，對於一段關係的穩定也非常的期待，所以當他有信任的人際關係時，就會全心全意的投入，信任對方，但有可能因爲這樣全力配合，而吞噬了自我的認知跟價值。

如果都把生活的重心放在別人身上或是工作上，甚至於是信任的朋友關係上，有的時候，反而會因爲沒有自信，沒有自我價值的認識與建立，而造成別人感覺到窒息的狀況。

所以真的要學習建立認定自己，肯定自我。譬如說：你開始對自己微笑，肯定自己今天的表現真的很棒，然後常常對著鏡子裡面的你說話。

你會知道自己是被肯定的，而且你會用自己喜歡的方式對待自己。那麼學習與自己相處，學習與自己獨處也能感覺到自在，是非常重要的。

你可以練習非常開心的跟自己獨處，而且是感覺到安全舒服的狀態，不會因爲自己一個人跟自己獨處，而產生焦慮不安的情緒，一直不斷的找事情做，例如說玩手機，看電視，或是不知道怎麼樣跟自我對話。

如果你想要練習跟自己獨處，那麼就把手機放下，也許看一本書，也許聽個音樂，也許什麼事情都不做，然後可以靜靜地跟自己相處，或者是拿著零食看劇，這時候都是自己跟自己最真實的相處，你可以照顧好你自己，而且接納自己所有的情緒，傾聽自己內心真實的聲音。

有時候在你感覺到有些焦慮、焦急的情緒時，你會知道該怎麼處理。

例如說，偶爾你自己跟自己獨處的時候，也會感覺到焦慮，不知道現在該做什麼？

你有這樣的情緒，但也能夠慢慢的找出讓自己感覺舒服的方式，也許是看部電影，聽個音樂，或者是在家裏做些運動，都能讓你感覺到自在，這個就是開始跟自己學習獨處的方式了。

那麼你也可以學習唱歌，甚至是煮點東西吃，讓自己更靠近你自己，更瞭解你自己，也會知道自己喜歡什麼，其實就是一種與自己陪伴的學習，而且清楚知道什麼時候該前進？清楚的知道什麼時候該停止？

甚至於知道什麼時候該停下腳步來聽聽自己內心想說的話，然後跟自己分享這一段時間，在日常生活當中，你有哪些話不敢說？哪些話很想說？

請你學習，這肯定自我內心的感受，讓自己勇敢的表達告訴自己，這個內在的恐懼就會因爲感覺到自在，而慢慢的退去，那麼也會因爲你被自己愛著，孤單、恐懼、害怕被遺棄、擔心不被愛的情緒，就會慢慢的消失。

也不會因爲現在在意某些人，而緊抓著某一段關係不放；或者是擔心自己不被他人注意，而拼命的刷存在感，或者是被他人遺忘，而不斷地抓住某一段關係，讓別人在意你。

所以，當我們在看一段關係時，可以練習先看見自己的內在，看見自己的內心，瞭解自己的恐懼、焦慮從何而來？為何產生不安的情緒？

我們該學習如何去安撫它，能夠讓自己學會獨處，與自己純淨的陪伴，安靜的陪伴，這樣才能夠真正跟自己有愛的成長。

有了愛，有了肯定自我的開始，恐懼與不安，都會離散。

無能為力的焦慮

生活當中，事情越來越多，很多事情無能爲力感越來越重。疫情嚴峻的階段，讓人產生很多焦慮難安的情緒，跟人之間相處的模式也在學習改變，很多人跟另一半相處的時間變多了，反而不知道該怎麼相處？

每個人都在焦慮的情況下，另一半也處在焦慮的情緒中，希望得到你的安慰，而你也希望得到他的安慰，因為你自己也很焦慮，因此，兩個人在焦慮撞擊的情況下，就產生更大的焦慮跟不安了。

我們要怎麼樣去安撫自己跟安撫另外一半？

其實學習表達感受是很重要的，比如說：我今天發生了什麼事情，今天上班我對於工作與同事相處的感覺怎麼樣？

我們都可以學習試著把這些感覺告訴家人。

包含孩子回到家，他告訴你今天上課的情況如何？

你可能學習著不要讓他只是用敘事法表達。

不要讓家人只是描述今天發生了什麼事情，而是讓家人針對自己的生活，有多一些情緒表達的方式。

多一點情緒的表達，就是讓他告訴你，他今天的感覺如何？

「我今天工作上因為做錯了一點小事，雖然同事們不介意，但是我自己感覺到好丟臉，對自己感覺到生氣，怎麼可以這麼不小心？真的很氣自己，如果我沒做錯這件事情，今天就是開心快樂的一天，所以我今天被這件事情，搞得烏煙瘴氣，整天都不開心。」

這樣的表達方式，就是為了一個原因，有了真實的情緒表達，這是一種學習，不單單只是說明了事件，補充了很多自己內在的情緒，不怕家人知道，不覺得在家人面前需要遮遮掩掩，能夠直接表達內在的情緒，這就是一種安定不焦慮的表現。

當家人聽到這樣的表達時，要學習給予支持，接納家人表達的內容。

「很心疼你今天工作不順利，明天會是順利的一天。希望回到家，所有的不好都煙消雲散，好好休息，明天一定會順利的。」

當家人述說之後，學習著傾聽不要批評，學習關心不要給意見，我覺得這是非常重要的。

人生當中，有太多難以控制的選項，雖然我們希望它們越來越好，但它們並不一定照著我們的期望走。

當這些事情都不再照著我們期望走的時候，人會有很多低落的情緒，低落的情緒來自於肯定自我價值的程度不足，人會開始覺得無能爲力。

改變這世界無能爲力，改變現況無能為力。

很多調整的因素，或是控制的選項不在自己身上，沒有辦法解決這件事情的時候，人的自我價值肯定就會開始變得低落，或者貶低自己。

覺得自己好像沒什麼用，就會產生焦慮、憂鬱、負面的情緒等等。

在這段期間真的希望我們每一個人都把自己的心，好好的顧好，顧好了之後，我們才能夠去照顧我們身邊的人。

因爲如果你不夠堅強的話，你還要去照顧別人，相對的，你也會有很大的壓力存在，所以無論如何，我們都學習先把自己的心顧好，先把自己的心照顧好才有能力照顧別人。

很多事情學習接受與接納，了解自己，接受無能為力改變現況，理解自己的焦慮，就能順應世界的變化。

淨化自己

我們都應該學會淨化自己，所謂的淨化，是包含淨化自己的生活空間，讓自己的生活空間是乾淨的，是方便的。

你在這個空間生活，能夠感覺到舒服，這是創造淨化空間的方式。

接著，淨化你的人際關係，淨化你的生活，就是去除不必要與多餘的，不讓這些雜事雜物進入到你的生活當中。

可能在你年輕的時候，花了很多的心血去交際應酬，認識很多的人脈，無可厚非，你當時是爲了成就事業，但是可能到了某個年紀之後，開始學會淨化你的人際關係，也許很多人就僅是工作上的往來，你分得很清楚，不會把這樣的人際關係，帶回到你下班之後的人生。

你很清楚知道你的休閒生活，了解你的人生，有哪些人是可以繼續保持聯絡的，哪些人是不被你劃分在日常生活當中的？

你懂得淨化你的人際關係跟淨化你的生活，讓你的生活是極簡、簡單又快樂自在的。

在你淨化過後的生活，這些人都是你感覺到可信任、可依賴的，甚至於是相處起來自在的，那麼這樣淨化過後的人際關係，才會是你真正高優品質的生活。否則，沒有淨化，就會一直淪爲想要討好別人，很辛苦的生活著。

可能有些人跟你是在工作上有利益關係的，譬如說你認識的人是客戶，然後在假日的時候，要跟客戶打招呼，要時時跟客戶保持聯絡，哪怕你說跟客戶是朋友，但其實都是爲了某一層利益關係而保持的聯絡，未必是真的真心想要跟他們相處，那麼，就會造成假日還在工作的狀況。

因爲你要維繫這樣的人際關係，當然是比較辛苦。

當然我也相信有些人因為跟客戶保持的關係良好，後來也變成真正的朋友，那麼真的是非常幸運的一件事。

如果可以把工作跟生活劃分清楚，生活就是生活，工作的時候就是工作，我知道這對很多的業務員來講可能是比較辛苦的，因爲他們可能就是二十四小時待命，客戶隨時需要他的時候，他就要出現，當然這是很辛苦的部分，要做到淨化自己生活，當然也是比較難，但是我們還是希望，如果你有那麼一點點可能的機會，還是儘可能的把自己的人生淨化到你可以不需要在假日的時候，還繼續工作，那麼才真正可以讓自己休息。

如果可以，試著淨化自己的生活，不隨波逐流，不跟著別人的想法而去做什麼?不害怕沒有辦法跟大家有共同的話題，不為了跟別人有共同的話題而去做某些事情，才不會讓你變得非常的疲憊。

如果可以活成你喜歡的樣子，這個「喜歡」的樣子，真的就必須要由你自己對自己的認知跟認識，肯定自我的價值，知道什麼樣的生活，是你真正想要的，那麼就勇敢去成就，努力實踐。

我知道做到完全淨化生活很難，但多麼希望每個人都可以活在自己想要的自在生活裡，不用討好，不用掛心他人的看法，真正的做自己。

錯過

人生有太多的錯過，是爲了要去嘗試更多的精彩。

不要覺得過去人生當中有一些遺憾，不管是對於某個人或是對於某件事情，你費盡心力，也不曾留住過誰，或者曾經嘗試努力的去做，人生當中也許還是有一些遺憾。

沒錯，我相信，如果我們沒有真的愛上一個人，如果我們沒有真正在跟他在一起生活過，或者是我們沒有真正實現過你夢寐以求的事情，沒有真的體驗過，你心中會有所期待，因為沒有經歷過，心中有無限的想像。

當你一直都無法完成這個心願時，我相信你會覺得人生當中是會有遺憾的，因為不曾經歷過！

你不知道，是因為沒有擁有而遺憾？還是未曾擁有而感到慶幸？

錯過了這樣子的人生，心中也許有未完成的藍圖，或者是刻畫過的夢想，這些錯過的，請當它們是人生當中那個時期無法選擇的美好遺憾。

在那個當下，你本來就無法選擇它，留有遺憾，也是一種美好。

這個遺憾，是爲了要讓你去嘗試更多的精采。

你的人生有很多無限想像的可能性，在未來未知的命運之中，你還有不同的選擇，去創造很多的精采。

那些錯過的選擇，就真的錯過了，其實不用感到太多的遺憾，因爲就算此刻錯過了，也許在未來二、三十年之後，你還跟某個人有緣分，或者，你心裡還存在著某件事情的夢想，也許你會有機會再碰到他，你會有機會再去嘗試這件事情。

請相信我，緣分就這麼奇妙，對於你過去曾經有過的遺憾，在你人生很盡力，生活努力付出之後，如果這曾經是你的遺憾，它也許在人生往後的某一個時刻，某一個時段，當初錯過的緣分會再出現的。

可能有機會讓你圓滿自己的遺憾，彌補自己的遺憾，也有可能會讓你更確認當初的錯過，其實是完美的選擇。

只是發生事情的當下，當時的你覺得遺憾，但那時候的選擇，其實才是最好的，如果沒有過去的錯過，現在你不會這麼好。

人生總會有這麼一刻，讓你回過頭去看看你的人生，那個「錯過」是爲了要創造你人生中更多的精采。

或者那個錯過，是爲了要肯定你當初沒選擇錯；或者是那個錯過，是爲了要告訴你，你的人生繼續向前走，不回頭，其實是可以有更多的可能性跟豐富的未來。

也許在若干年後再跟某個人重逢了，再相遇了，都只是更加肯定你當初的選擇，對與不對，沒人知道，總要經歷過後與做過選擇之後才知道。

所以，人生就是努力的活，精彩的活，有一天，你會有機會去知道你當初做的選擇，到底是對的還是錯的？

不管是否有機會再彌補？或者是有機會再重逢？總有一天，總有一刻，你會在理智的情況下，回想與思考到這個問題、意識到這個問題，你會發現，過去遺憾或是錯過的那個選擇，浮現在你的腦海中，你會更清楚的知道，原來過去的錯過是精采的，是值得的。

不僅是爲了要讓你嘗試更多未來的精采，也是肯定了你過去那一刻體驗當下，人生命運的選擇。

謝謝自己一路走來的選擇，雖然有痛，但十分值得，值得現在的幸福。

個人迷人的特質

不用強迫自己一定要擁有某些迷人的特質，也不用強迫自己一定要活潑外向，才能成為別人討喜的樣貌。

其實我們每個人都有自己個人的特質，你的個人特質，就是你自己迷人的特質，你不一定要成為別人想要的那個樣子，但是你可以成為一個有個性的人，或者你可以擁有自己專屬、獨特、迷人的特質。

有時候，你會發現有些人跟別人講話的時候，是不會緊張的，是充滿自信的，這些個性可能都是天生的，或者是經過非常多的訓練，然後才造就成他現在這個樣子。

有些人活潑外向，非常令人羨慕的樣子，這可能是專屬於他的特質，但是你不一定要讓自己成為他的狀態。

我們每個人都有自己做事情的風格，或者是自己跟別人互動的方式，你可以是非常明睿的展現自己的樣子，或者是非常有朝氣的跟別人談話聊天，跟別人互動的時候，是讓別人可以信任的。

我們都在職場當中展現不同的自己，以及專屬於一個自己不同於他人的人格特質。

有些人是比較內向的，可能在展現自己方面，就沒有像外向的人或者是開朗的人這麼的吸引人，但是他們的個性也可能是非常沉穩。

只要是充滿力量的，不管是內向或是外向活潑的，都可以是被人信任的，而且都可以是善於傾聽，或者讓別人覺得你是專業的。

在非常競爭的職場當中，有些人是很有能力的，但他們也是屬於那種安靜又內斂的人，雖然他們的人格特質不容易被別人注意到，也不能夠常常被別人看見，你可能會忽略他們平常的表現，但他們其實是非常具有優勢。

溫和沈靜的人，在職場當中，是非常有力量的，不要認爲這樣的個性在職場中很吃虧，也不要認為溫吞沈靜的人，在職場上太過於安靜，太過於內斂，個性上沒有辦法領導其他人。

其實不見得是這樣的，而是說，個性上比較沉穩內斂、或者是比較安靜的人，相對在判斷事物上，也許能夠給予別人信任或者是帶領他人。他們也許有著特殊的領導特質，甚至於在事情的分析上，更有影響力，可以爲整個工作環境帶來更良好的互動以及緊密度的信任，也可以爲組織企業帶來更好的價值。

其實我們都有發現，很多非常具有專業性特質的人員，他們在臺上發光發熱，但是他們私底下個性是非常沉穩，害羞或者是內斂的，他們也許不善於人際關係的互動，但他們在臺上是非常有自信，可以展現出自己專業以及展現出可被信任的樣子。

所以，成功不見得取決個性，一個人的個性不見得可以決定他成功或失敗，因爲那都是屬於自己個人的特質，你發展出什麼樣的個性，其實是屬於你自己的，不一定要跟別人一樣。

在工作當中能夠有所發展，能夠提升你工作上的能力，往往才能夠讓別人更肯定你的價值。

比較內斂或內向的人，相對的在內心當中擁有許多柔軟的力量，或者是更堅毅的個性，不見得說外向的人比較容易成功，內向的人好像往往就是比較吃虧，我覺得未必是這樣子的。

真實擁有個人迷人的特質才是關鍵，你的迷人特質也可以是沈穩內向。

在職場上或是在生活當中，用屬於自己最自在的方式，或者是讓自己感覺到熟悉的方式，舒服的方式，去展現自己的魅力，我覺得那都是屬於你自己個人非常特別的人格特質。

或者在職場上發展出屬於你自己獨有的工作模式，未必要去跟別人營造成一樣或類似的感覺，你可以創造出屬於自己個人的風格。

我覺得在職場當中或者是在生活當中，創造屬於自己個人的風格是非常重要的，因爲你去學習別人或是模仿別人，你會變得非常辛苦或者是變得痛苦，那還不如創造出屬於自己的模式，會讓你自己感覺到安心。

因爲你是在自己熟悉的模式下生存著，不管是面對工作或者是面對生活，在這樣熟悉的模式，都比較能夠得心應手。

如果你能夠慢慢的從生活當中，或是工作當中，找到屬於自己的定調，屬於自己的模式，我覺得你就能夠有著非常好的發揮。

相信自己迷人的特質不同於別人，建立自己的風格，有信心，就能帶來更多力量。

念轉需要多練習

念轉其實是需要一直不斷的練習的，沒有一件事情，做一次就能夠成功，尤其念轉這個功課，常常做，天天做，都還是會遇到許多的挫折。

有時候遇到不如意或不公不義的事情時，會讓你懷疑人生，你覺得這些事情可能光靠念轉不夠，還需要許多說服你的條件出現，才不會讓你懷疑念轉的意義。

就像很多人日常生活中，遇到不好的人事物，常常念轉來改變自己的心態，但很有可能就是遇到了極大的惡人，不是你用念轉就可以不看見，不是你用念轉就可以不理會的，這樣的惡人惡事常常碰見，學習念轉之餘，最重要的是看透人性，知曉人性。

了解人性之後，你的念轉才算是真正的啟動，因為你已經了解到，人性是多麼難改變的一件事，不能改變的情況下，你能做的，就是改變你自己。

學習用念轉的方式去看待事物，沒有辦法一次就念轉完成，念轉需要多練習，需要用很多不同的方法，去讓自己念轉得更好。

每天如果能夠有一點點小小的改變，這個改變也能夠在未來成為大大的助力，不要小看一個小小的改變，這個小改變是因為起於你的心念，你想要更好的心念，如果這個心念能夠堅持下去，你想要更好的想法存在於心中，每天的努力，勇敢的去嘗試，這些改變就可以讓自己變得更好。

每一天都變得比昨天更好，那麼同時，你每天都在進步，你也可以讓你的明天，不同於以往，這樣小小的改變，會為你帶來不可思議的結果。

每天都想要更好的信念，就是一種念力啟動的方式，因為想要更好的念力啟動了，會讓人更有行動力與執行力，你就能夠計劃未來更好的自己。

能夠有更清明的思緒去了解自己的決定，知曉自己的方向，那麼願意改變與行動，善用念轉的練習，能夠讓你在未來遇到挫折時，更有毅力，更能堅持，用念轉去支撐你的信念，用念轉練習，來改變你的人生，讓無數挫折的人生，找到轉彎轉折繼續前進的力量。

念轉是讓你的人生繼續用不同的方式前進，方法不同，方向一致，信念堅定，未來就能夠因為這小小的改變，而有意想不到的收穫。

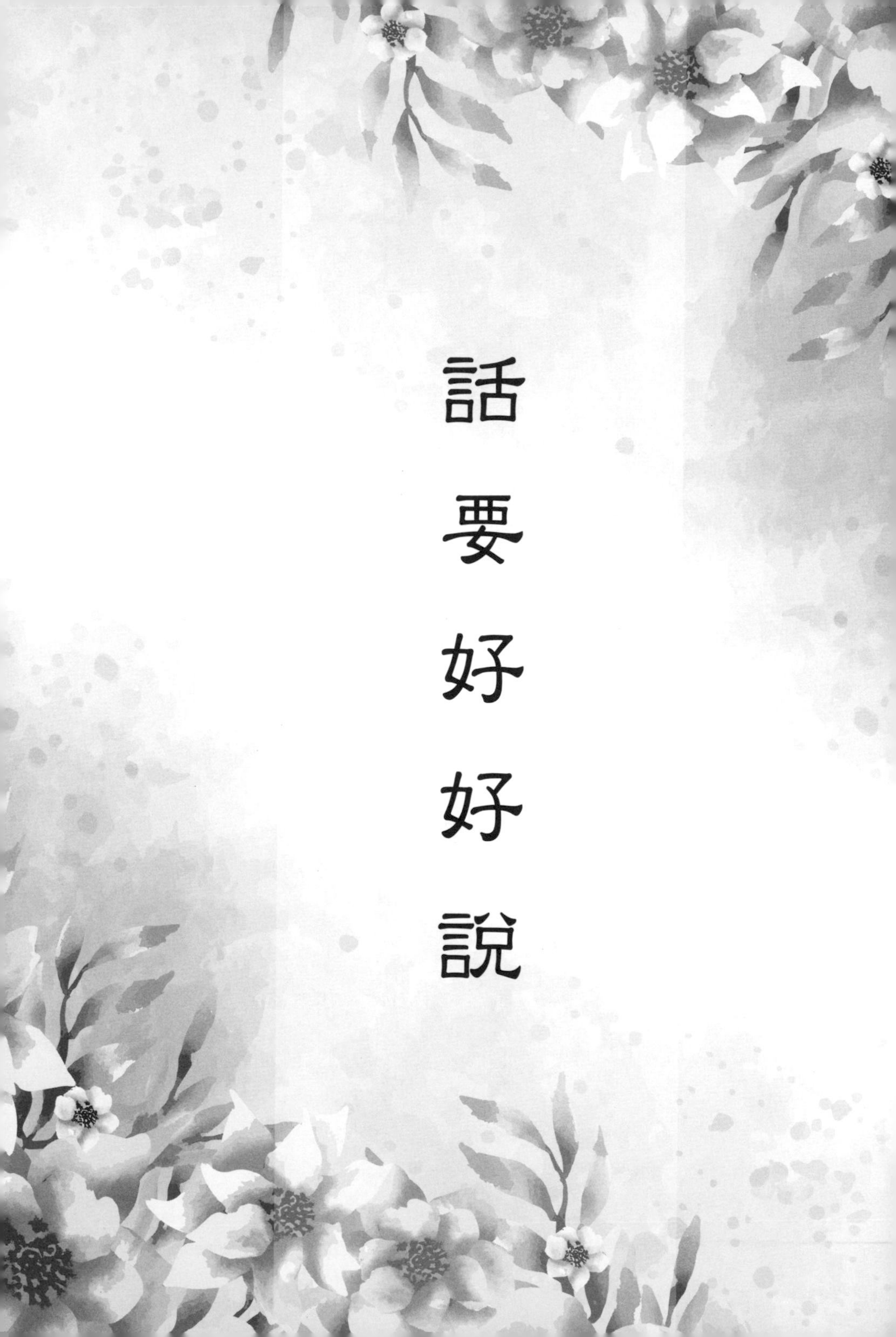

話要好好說

不評斷別人的人生

生活新態度，不要隨便評斷別人的人生。

不是當事者，無法評斷別人的生活，他過的生活，自己樂在其中，你不能夠因爲自己所看到的某個面相或角度，就覺得他很可憐，或是他很苦，用你的角度解釋了他的人生，你不是他，怎麼知道他真實的感覺是如何的呢？

所以，不要用自己的角度去評斷別人的生活，他這一輩子究竟幸福或不幸福，只有他自己最清楚，他究竟生活過得快不快樂，也只有他自己知道。

我們每一個人都沒有權利去批評別人的生活，也沒有辦法去定義別人的生活，甚至於是評斷別人的生活，每一個人都沒有資格，也沒有必要去評論，太過於介入別人的生活，都不是一件好事。

俗話說：君子之交淡如水。

有的時候，朋友之間適當的保持一些距離美，不是不關心對方，而是朋友之間也是要有一些空間距離美的，太過緊密總是會有過多的摩擦。

當對方需要關懷的時候，站出來關懷對方或是挺對方，不一定要時時膩在一起，適時的給予對方跟彼此多一些空間上的美感，其實是非常重要的，不一定要緊密的連結。

感情的長久未必是空間的緊密，有時適當的保持一些距離，更能夠看見空間的美感以及人際關係的美。

所以，不要隨便去評論別人的生活究竟過得怎麼樣？

因爲你不是他，你永遠不知道真實生活的感受是如何的？

而每個人的人生都有艱辛的部分，人生哪有不苦的？

但選擇一條自己想走的路，苦也會是值得的。

沒有人的人生都是非常順遂的，或完全不會遇到苦難或挫折的，我覺得這是完全不可能的事情。

每一個人的生活當中，多多少少都會有一些苦痛，或是有一些必須經歷抉擇的事件。

例如，我們常常說，人生就像站在十字路口，常常要做選擇，到底是要往前往後或者是往左往右，這都是一個很難選擇的難題，但到底該怎麼樣選擇？

沒有一個標準答案可以告訴你，你在人生的抉擇分叉點，應該做什麼樣的抉擇對你才是正確的？

沒有一個人可以有這樣的保證，因爲每一條路都是必經的過程，每一個選擇都是有它的意義存在的。

如果痛苦是人生必經的過程，那麼就選擇一條自己比較想走的路，你會發現，選擇了一條自己比較想走的路，這個苦也會是比較值得的，你也會是比較願意的，至少這是你想走的，再苦也是你自己的選擇。

當然，你可能會在事件發生之後，有所後悔、遺憾，甚至於難過，這一切都是值得的，因爲這是自己的選擇，苦痛也會是值得的，在這些苦痛背後所換來的成長，絕對是你當下難以想像的，這些成長都是你付出的結果。

每個人的人生都難得，都經歷著不可思議的過程，所以，不要輕易評斷別人的人生，你不會知道別人心中的苦，也不可能經歷別人的人生，更不可能有著重複的人生，所以學會尊重，不去評斷，就是最好的生活新態度。

傾聽給人力量

我們都知道傾聽是非常重要的一件事情，也是值得學習的一件事情。

能夠傾聽，也能夠從中得到別人生活中的智慧，知曉別人的困境與難處，能替他人分憂解勞，更能夠是生活中有智慧的修行與學習。

他願意說，你願意聽，這讓他人願意傾吐他的內心話，得到支持的力量，讓他也能在傾吐完自己心聲時，得到更多的回饋與反思，對他人來說也是很有幫助，是給人前進力量的方式。

學會傾聽，不僅抒發了他人的情緒與壓力，也能夠帶給別人力量。

耐心的聽別人說話，可以給別人前進的力量，因爲你願意聽，對方會感受到被尊重的感覺。

有感受到被尊重的感覺，分享了生活當中的種種，知道有人還願意聆聽與分享，其實就是一種動力。

每一個人都想要過得更好，靠自己的努力讓自己更好，有時候你的耐心傾聽，就是一個支持的表現，你給的意見，不管多或少，都能讓對方感覺到被在乎，就是非常重要前進推動的動力。

有時候想說，是因為想被尊重，想被注意，想被關心，多麼希望在這麼多重困難之下，還有人願意傾聽，就是被在乎的感受。

如果你可以，學會傾聽，也是給人一種力量的表現。

負面情緒也是一種動力

你恨過一個人嗎？

深深的恨著他，恨他所帶給你的痛苦，而這份傷痛卻沒有因為他的離開而消逝？

不解他當初為何要傷害你的原因？

不能接受他拋下你，而你成全了他的世界？

而這些恨，讓你成為了一個傷心的人，痛徹心扉，哀莫心死。

負面情緒也是一種動力，也是一種助力。

我們不要認為負面的情緒是不好的，其實負面情緒也是一種動力。

當你難過的時候，你會意識到不想要再難過，當你生氣憤怒的時候，你會因爲這件事情激化了你的情緒，這個憤怒表現不同以往，所以你會思考：我不想要再憤怒生氣了。

所有的負面情緒其實都是一種動力，也是一種助力。

因為你經歷了負面情緒的起伏，你知道不想要再擁有這樣負面的情緒，負面想法與情緒讓你意識到這樣的生活不好，因此，你想要改變，並且不想要被這樣的情緒勒索綁架，你想跳脫與避免，那麼就會產生改變。

因爲人生沒有所謂的標準答案，也沒有所謂的正確答案。

不要去拒絕你自己身上的負面能量、負面情緒，不管是憂鬱，不管是焦慮都沒有關係，因爲這些負面的能量可以變成一種助力。

如果不想再繼續憂鬱，不想要再繼續難過下去，改變它可以變成是你的動力，負面情緒可以變成是你的助力。

因爲我不想要再這麼傷心、難過了，所以我才想要找到一個可以讓我開心的方法，或者是讓我跳脫現在問題、痛苦或煩惱的方法。

所有負面的情緒與想法，未必都是不好的，它可以變成我們繼續努力或前進的一種助力。

所以，我覺得去檢視自己的負面情緒跟能量，有時候是幫助你自己釐清思緒，激化出改變的動力，改變可以讓你越來越好，想要變好的想法，會變成一個努力的理由。

因為你不是我

我們真的只能夠做到盡可能的同理，盡可能的去感受他人的立場，盡可能的站在別人的角度去思考，但絕對還是沒有辦法百分之一百完全的體會。

我們要體諒別人的感受，體諒別人所發生的事情，不要用簡單的字句或是兩三句簡短的話語，就去解讀別人生活當中發生的事情，不要憑藉著一些蛛絲馬跡的訊息，就下了一個注解。

這樣的注解，對別人來說，其實是非常不公平的。

因爲你不是他，其實就無法真的感受到那些痛苦。

沒有經歷過他人經歷過的事情，就別勸別人大度，不要去勸別人要原諒誰，或放下，你不是他，不是真正當事者，其實很難去告訴別人要放下。

有的人會說：這種事情，只要放下，整件事情不就都好了嗎？不就都沒事了嗎？

但當事者就是因爲事情在心底過不去，無法聽從任何人的建議讓他放下。

我常常在臉書跟大家說，當我們要同理別人的感覺的時候，經常都要說：「我知道你現在的感受。」

「我知道你現在很生氣，我知道你現在很難過，我想到了你現在這麼難過，我也跟著一起難過起來了。」

就是要去同理那個人現在當下的感覺，說跟他一樣的話，他才會覺得他有被支持的感受。

要去幫別人解決問題其實是有點難，因爲你不是他，很難清楚知道來龍去脈，我們可以做到的就是支持，支持他現在有的感覺，然後盡可能的學會傾聽。

傾聽是非常大的力量，你願意聽，他願意講，讓對方有一些抒發情緒的管道，就是很大的幫助了。

因為你不是我，無法同理所有感受。

因為你不是我，無法知曉所有經過。

因為你不是我，請不要任意替我發表我的想法，因為你不是我，請不要隨意說出我的想法。

如果我有想法，我願意自己表達出來，不需要其他人替我發言，因為任何人都不能代表我。

可以好好說話嗎？

我們所接觸的外在環境，和面對的人事物，很容易引起我們內在情緒的反應。

有同學說：「每天要接觸很多的客人，有一些客人會在營業時間進來，然後問說：『請問有在營業嗎？』我們是剪髮中心，有客人進入，會問：『有在剪頭髮嗎？』打烊的時候，鐵門都已經關一半了，客人會問：『還可以剪頭髮嗎？』」諸如此類的問題，讓同學感覺到哭笑不得。

這些問題的問話方式可能都會讓人產生情緒，心裡會想：「怎麼都不好好看狀況，問的問題都是注意一下環境，或是抬頭看就可以找到的答案，但他們還是要問！」

同學面對這樣的問題時，會有很多情緒的問題出現，覺得這些人怎麼不用心過生活？為什麼不多注意一下？心中有很多的獨白，但知道不能回話罵客人，就會將這些話憋在心裏，忍得很難過。

有時候真的受不了，就會小小聲的在心中罵著，可能潛意識中，覺得客人的問題真的有點讓人生氣，產生了很多的情緒。

我想生活中大家多多少少會遇到這樣的人，常常問一些白目的問題，可能已經說過了很多次，或者是大家都知道的規則，但有些人就是希望從你的口中親自得到答案，聽你親口再說一次。

明明有營業，會問：「現在有營業嗎？」

明明知道是髮廊，會問：「可以剪頭髮嗎？」

明明已經休息，會問：「還可以剪頭髮嗎？」

以上這些情況，你會怎麼說？

其實我們可以把這些話語，當做是一個打招呼的開頭跟連接。別太在意問話內容，會讓人覺得不受尊重，感覺到生氣。

例如：過去社會常常一碰面就會問：「你吃飽了沒？」這句：「你吃飽沒？」未必真的想要知道你是否吃飽，可能只是一種打招呼的開頭發語詞句。

不需要太去在意對方為什麼這樣問？不要去研究都幾點了，哪有可能還沒吃飽？

這樣的問話，可能真的只是打招呼！

那麼我們就把剛剛上述那些問話，當作是客人打招呼的發語詞，想要親近你，想客氣地問問還可以剪頭髮嗎？所以有了上述的那些問話。

如果我們把所有問話的開頭，都當做是別人跟我們寒暄問候的一個開頭方式，內容其實不重要，他只是想要跟你開啓那個話題，跟有一個連接，所以他講的那樣的話，他難道不知道你今天吃飽了嗎？又或者是不知道今天有沒有營業嗎？其實它也許是一個禮貌性的開頭問話方式，這樣你就比較不會有情緒了。

說話時，我們都可以好好說，問話時，也應該好好問，避免使用讓別人覺得不被尊重或生氣的問話。

尤其服務業人員真的很辛苦，不僅要看客人臉色，也要忍住脾氣，並和顏悅色做生意，實在是需要耐心和智慧去應對。

大家為了生活都很辛苦，所以如果我們在問問題之前，如果可以先思考一下，是不是就可以減輕別人的負擔？也會讓對方感覺到被尊重？

有些人覺得自己花錢是大爺，說話不客氣，覺得服務人員就是要服務人們的，因此不懂得尊重，常常說話沒禮貌，我覺得大家都應該要好好學習說話的藝術。

話要好好說，好好說話，才能好好傳達心中所想。

為什麼要生氣？

有個同學留言說不知道老婆在生什麼氣？

但是老婆因為非常生氣的情況下，拒絕溝通，拒絕談話，讓先生感覺到非常痛苦，於是直播的時候，就來詢問。

太太生氣的原因到底是什麼？我覺得先生要自己去了解。

我不清楚到底發生了什麼事情，我只能從男方告訴我的一些訊息當中，去了解，夫妻倆在爭吵，吵到非常不開心，可能談到要離婚的問題。

我告訴對方：「要勇敢的去釐清對方爲什麼要生氣？」

知道對方在生氣，卻不知道對方爲什麼要生氣？

例如：我知道你在生氣，因爲你情緒表現出來就是告訴我你在生氣了。

「我知道你在生氣，但我不知道你在氣什麼？」

當你說出這句話的時候，會讓生氣的人更生氣嗎？

可能對方會想：「你都已經知道我在生氣，竟然不知道我在氣什麼？」

你聽見這樣的對話，你會生氣嗎？

有的人可能不會，有的人可能會。

因爲對方已經很明白的表現出他在生氣的狀態了，你不去了解他生氣的原因是什麼，只接受了他的情緒，但沒有去了解他生氣的原因。

爲什麼不知道生氣的原因？可能你不想花時間去了解，看到他生氣，你就跟著生氣。

或者你看到他生氣，你覺得對方無理取鬧，覺得這種事情有必要生氣嗎？

於是就用你的立場跟你的價值觀和觀點，去批評對方的脾氣，並沒有想要去了解他的立場與角度，也不想知道生氣的原因，所以才會說出：「我不知道你在氣什麼？」

或者有些人會說：「我不知道你在生氣什麼？到底這件事情有什麼好生氣的？」

說出這樣的話，於是就更踩地雷了。

但是，我們都相信，沒有一個人會天生無緣無故愛生氣到這種地步。

看見人家生氣的時候，然後又說了一句說：「我真不知道你在生氣什麼？」

我覺得對方一定會爆炸的，因爲你竟然連我生氣的原因都不知道。

我再強調一次，你只接收了對方生氣的這個情緒，並沒有去了解對方生氣的原因，因爲你只用你的判斷，接收了對方生氣的負面情緒，沒有想要關心對方，當然會讓對方更加生氣。

而夫妻之間的爭吵，常常有無關緊要的家人們一起跟著吵架，你一言我一語，說著對方的不是，剛開始只是批評，到後面話越說越難聽，讓兩夫妻沒有轉圜或和好的機會，有的時候就是有家人幫倒忙的。

我建議，兩夫妻的事情，其他人都不要給意見。

我們常常看到人家吵架，就給一些答案或參考，然後公親變事主。

夫妻兩個人吵架或者夫妻兩個人對某一件事情有意見，就是夫妻兩個人的事，其他的人可不可以不要管？

婚姻的問題只有涉及兩個人，本應該兩夫妻自己處理。

我不知道你到底在生氣什麼，你爲什麼要生氣？這種事情你也要生氣？像這種話，都會讓人更暴怒。

覺得對方就是脾氣不好，就是愛生氣，這樣的認知，都會讓對方覺得很受傷。

我覺得生氣未必是真的很生氣，一定帶了很多很多傷心的情緒在裡面。

當我覺得你不瞭解我，不知道我在生氣什麼的時候，絕對不是真的憤怒，而是傷心。

如果有人在生氣的時候告訴你說：「你不知道我在生氣什麼嗎？」那你就告訴他說：「不好意思，我可能比較笨。」或者「我實在太粗心大意了，我沒注意，都是我的錯。

你可以有耐心的告訴我嗎？

告訴我你在生氣什麼？我會改，我下次不會再犯了。」

生氣真的不要生氣太久，因爲生氣太久，冷戰其實會傷感情的。

我們要練習，要學習表達自己的情緒。

我們都懂一個道理，我們都懂一件事，但我們不見得會做到，所以我們要常常練習，然後不斷地努力改變，一點點微小的改變，它都可以變成很重要的一種習慣，然後越來越好。

我們也可以有不同的想法，去讓我們慢慢練習，練習改變這件事情，是要一直不斷的去努力嘗試。

包含你遇到挫折，傷心難過或是學習如何快樂起來，都是需要練習的，先從得到一點點小小的快樂開始，做些讓你覺得開心快樂的事情，先從小小的練習開始，那麼你就會得到大大的進步。

慢慢來，先不要急，我們做任何事情其實都急不了，再急也沒有用，慢慢來，然後慢慢練習，慢慢練習才有改變的機會，有了改變的機會，我們就會越來越好的。

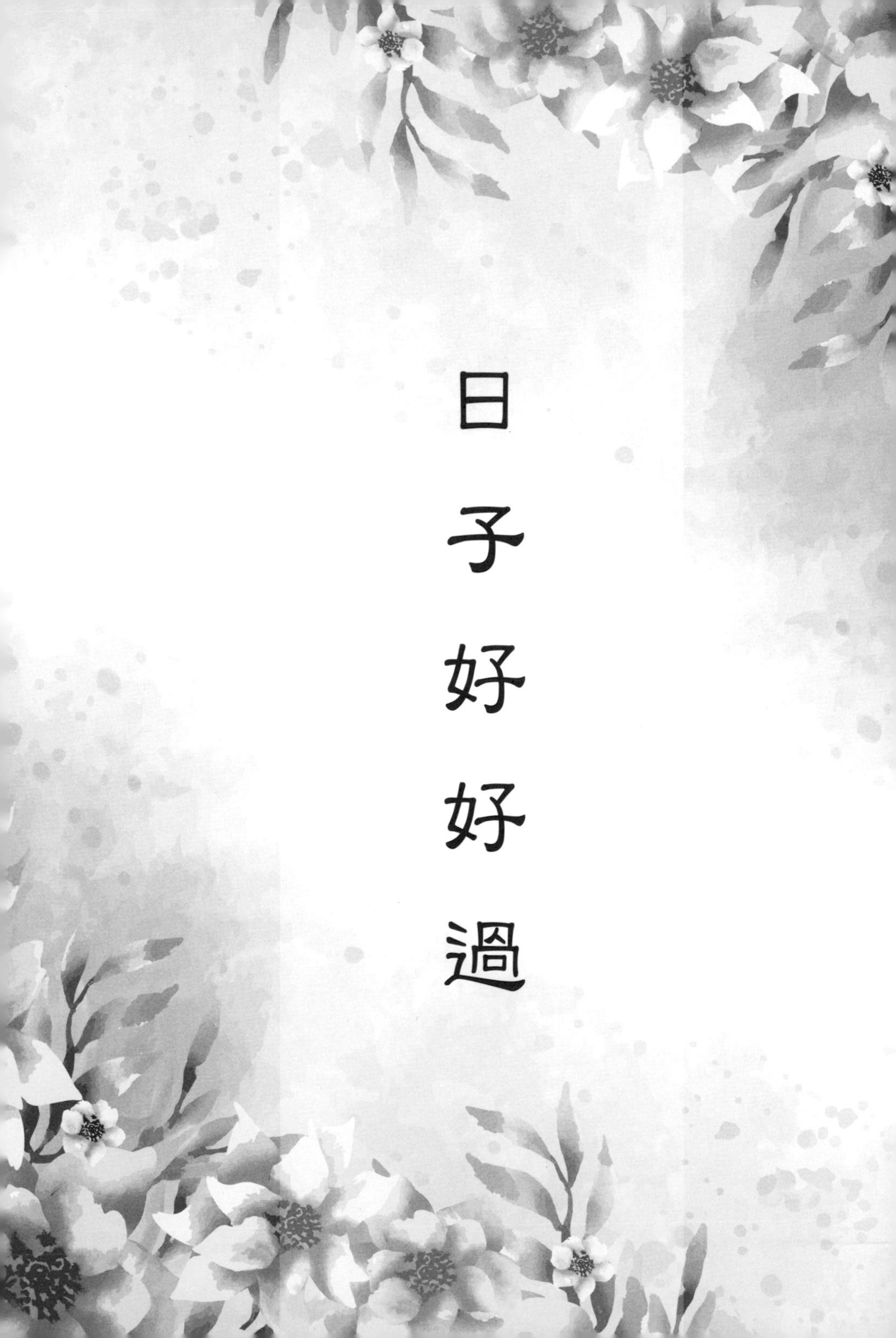

日子好好過

我證明，我可愛

你是一個什麼樣的人呢？

你知道自己在別人眼中的評價嗎？

很多人都很努力地活出自己的樣子，證明自己的存在，想被人尊重。

有些人知道如何肯定自我價值，所以很自在做自己，也很清楚自己人生的方向，因為不需要太多的附和，也能活出自己想要的樣子。

人不一定要得到別人的認可，才能證明自己的價值，才能證明你自己。你做任何事情，不是爲了要得到別人的認同，不是爲了要證明自己的價值，才要努力。

你的努力是因爲你想，所以你才做了這個決定。而不是做了這樣的努力，想得到別人的認同，想尋求價值的存在而做犧牲或奉獻。

很多事情願意去努力，願意去做，所有的理由，都應該是爲了你自己。

不需因為別人說什麼，而影響了你對自己的認識與判斷。
我真的是這樣的人嗎？
我真的這麼糟糕嗎？
不需要從別人身上找答案，你最了解你自己，你認識自己最久，有時候答案就在你身上，只是你看見了嗎？
願意花時間去了解自己嗎？
願意真的知道內在的需求嗎？
認識自己很重要，你的可愛只有你知道，怎麼證明你的可愛？
用你對自己的認識，來證明自己可愛。
這世界上最棒最好的知己，就是你自己。
別在別人身上找答案，你找到的不會是真的答案。

只有從你自己身上找，才能真正找到答案。

活成你想要的樣子

活成自己想要的樣子！

有時候我們太在意別人想要我們活成什麼樣子；或者你想要活成自己的樣子，別人卻有很多的意見，彷彿你的生活，必須經由他人的認同，被批准了，才可以執行自己的人生。

別人想要我們活成的樣子，這個藍圖未必是你能夠盡情地去享受與想要的。人們生活著，就是有很多的包袱與限制。

這個限制，如果是在心智未能夠完全圓熟的情況下，或者對自我的認知有限，不夠深入瞭解自己，或者內心不夠堅定時，就很容易被別人的看法或定義，左右了你自己。

在意別人對你的看法或定義，就容易扭曲自我認知，偏執了，就可能依照別人期待的方式去過日子，修正了你原本想要的生活。

然後你會開始慢慢在意別人的說法、跟別人認定的你，而活出了別人期待的樣子。

我們一直在修正自己的人生方向，修正的過程並不是修正自己，而是更深入認識自己，並且修正了別人想要你成爲的那個樣子。

比如說：家中長輩可能會告訴你說：「你要有一份穩定的工作，你就是要去找一個讓你有穩定收入的工作。」

這樣的想法，本來就很實際，也沒有錯。但同時，我們也想活出自己想要的樣子，做自己喜歡的工作。

我們說想要活出自己的樣子，有多少人是可以真的找出自己的樣子?

你心中還是有很多的限制，是怕別人說你什麼?怕別人覺得你有了不同的改變？

當你在意別人的言語和想法，做這件事情的時候，慢慢加諸在身上的，就是別人的樣子，而不再是你真正的樣子。

其實要活出自己想要的生活，跟活出自己想要的樣子，你真的必須先找到自己，必須先認識自己。

一個很瞭解自己的人，知道做什麼事情真的會開心，而且就算後果不完美，結果不如預期，也能夠承擔做了決定之後的結果，不會去在意別人說了什麼而傷害到你自己，或是讓你難過。

現代人關係越來越緊密，什麼事情都要管，別人做什麼事情都要知道。

因爲社交軟體的關係，可以知道別人做了什麼，吃了什麼，人跟人之間的緊密度開始透由網絡社交軟體去了解。

但是人跟人之間心的距離，彷彿是越來越遠了。

你貼近了人的生活，但心之間的距離好像越來越遠了，你在社群上所知道的朋友生活內容，都是對方希望你知道的，那些展現出來的生活，未必是真正真實的樣貌，也未必能夠談心，大家漸漸少了真正坐下來聊聊天的機會。

我們也該學習真正坐下來了解自己，跟自己對話。

你覺得今天真的開心嗎？

你今天遇到的人，你說的話，你對應的方法，真的是你真心誠意想做的嗎？

還是只是滑臉書，看看朋友們都在做什麼，就自以爲很瞭解對方？

然後對方所寫的三言兩語心情的抒發，就讓我們覺得很了解對方了，真的是這樣嗎？

人跟人之間的瞭解，越來越表面，其實並不瞭解真正深層的你，跟真正思考的你。

如果真的要活出自己的樣子，真的要非常的瞭解自己做什麼會開心？做什麼會不開心？

當然做自己一定開心的，因爲隨心所欲。

但是做自己也會有不開心的時候，太過放縱，不知規範自己，明明知道這不可爲而爲之，就會開始產生所謂的罪惡感，跟自我規範的意識出現，你就會告訴自己不能再這麼做，這是一種好事，因爲自我認知已經告訴你，這件事情不能做。

所以在這些追求自我認知的過程中，如果我們可以越來越清楚跟了解，知道什麼事情是你真正想做的，你的人生才是有意義的。

不會想放棄，或者不會覺得累的事情，樂在其中，不在意別人的想法跟看法，這才是你真正想要做的事情。

強化自我認知，然後清楚的知道，你做這件事情真的是爲自己，你就可以自在地活。

不用追隨誰，就可以活成你想要的樣子。

跌倒

人生中，不斷的藉由跌倒，重新再站起來。

人跌倒不需要害怕，最怕的是沒有勇氣再站起來。

但只要你願意，跌倒了再站起來，前方都有路可以走，願意踏出那一步，就可以讓自己有機會。

在跌倒的時候，不要忘記撐住自己，一定要告訴自己：「如果我就這樣倒下去了，或者就這樣子趴在地上了，不站起來，是沒有辦法前進的，就會一直在原地呈現跌倒的狀態。」所以我們都必須努力，勢必先讓自己先站起來，就算身上有傷，就算害怕再跨出那一步，你也先得讓自己站起來再說。

有些人在遇到情緒的傷口，或是生活中的挫折，都會跟對方說：「你趕快好起來！你不要再想了！你趕快放下！」

其實不用強迫自己要馬上好起來，可以先告訴自己：先站起來就好了。能不能夠繼續前進？我不確定。

也許不知道站起來之後，往左還是往右？還是往前往後？方向都搞不清楚，那麼就先學會站起來再說吧！

我們也學習給別人在跌倒的時候，能夠有一點空間，有一點時間讓他慢慢站起來，然後再告訴他可以有的選擇與方向，不替他做決定，但提供給他很多的思考點。

我相信跌倒的人，他會慢慢清楚自己該往前走？還是暫時還停留在原地？先給他一點思考的空間，給受傷的人一點時間思考與做決定，真的不急著要他們馬上好起來。

跌倒了，真的沒關係，願意站起來，都充滿著機會與希望。

年老之際一生學習

人生透由不斷的練習，可以學習到很多事情。萬一學不會，或者一直不斷的在同樣一件事情當中犯錯怎麼辦？

代表這個課題對你來說真的非常重要，你學不會，就繼續學，用一生的時間來學習都是值得的。

有的人問我說：「真的值得嗎？我過去受了這麼多的傷痛，真的值得嗎？」

值得的，你現在當下看這個問題，當下你看的角度，心中很在意，所以你會執著在這個問題上。

但是可能經過了十年、二十年、三十年之後，有一天你回想到這個問題的時候，你會發現，原來過去你所經歷的，都是無比美好的過程、無與倫比的美麗，所有的過程其實都是值得的。

把時間拉長來看，你會發現過去發生的事情，其實都是非常有意義的，那麼，如果我們學不會，那就用一生的時間做學習。

人生有太多的錯過，其實是為了有更多的精采，人生每一刻都在變化，都在學習。

你不可能每件事情都會，不會沒關係，你有自己人生的樣貌，不要去跟別人比。

人生經歷多了，看多了，聽多了，就會發現自己身上的問題其實都是小事，發生在別人身上的，或是跟生老病死有相關的，才是真正的大事。

漸漸的，你會發現，那些辦公室對你不好的人事物，或是生活中說你壞話的那些人，根本就是小到不行的雞毛蒜皮之事，一點都不需要花時間去解釋或在意。

到年紀越大的時候，你就會發現這些勾心鬥角、處心積慮討好他人的事，根本就是小事。

到老的時候，你根本就不需要那麼多朋友，你也不需要所有的人都喜歡你，所以人生每一刻都在學習，每一個人生的過程，都是一點一滴的在累積我們的經驗值，然後努力去克服困境，努力生活，就只是爲了讓自己好過一點。

年輕的時候真的會去在意這種小細節的部分，但到了年紀大了的時候，這些事情你會開始覺得根本不重要，也沒時間去想。

能夠把自己的日子好好過好，然後把心好好的放好，這件事情好像變得比較重要。

我們也不知道年老的時候會變成什麼樣子，也很難去設想。

年紀大是一件好事，因爲各方面都越來越成熟穩重。

我覺得老了是一件蠻棒的事情，因爲你可以從現在這個角度，慢慢去看你年輕的時候所有樣貌跟輪廓，那些經歷，都是曾經年輕的烙印。

回頭看這些決定，真的覺得這些過程是很美好的一件事。

家庭體質

家庭體質，對於一個人的人生，其實有著很大的影響。

家庭組合的本質，影響著家庭的輪迴。

構成家的條件，一直不斷運作的模式，可能一直影響著你，就如同過去，你看到爸爸媽媽辛苦的生活型態，如果沒有辦法改變，就必須透由你的改變，透由你的努力，去做改變，可能從職業生活各方面的努力，去做一些改變，這個家庭的體質可能會跟上一代是不一樣的。

所謂的家庭體質，我們常常看見有的父母因為賭博、吸毒，而讓下一代無法有妥善的教育與生活，環境與工作的輪迴，讓他們生活的狀態也呈現不安穩的型態，如果父母親一直無法改變，就需要透由下一代不被影響，而去做改變。

看見爸爸媽媽的辛苦，很想要給他們更好的生活環境，想要讓他們養老時也可以不用擔心經濟方面的問題，很多孩子都非常努力想要改變家庭的環境，這真的都很棒。

如果你看到上一代的辛苦，很想要讓這個家，有一些些的不同，你試著想要從家庭的體質去做一些更動，或是進化，你可能必須付出很大的努力，然後目標非常明確，知道唯有透由你的工作或者學習，來改變你的人生，達到可以翻轉你家庭命運的目的。

那麼怎麼樣去改變家庭的體質？怎麼樣去翻轉你的人生？

我個人認爲這需要很大的決心，因爲你看見了問題的所在，你會盡最大的努力，只要能夠改變你的命運，就能不讓上一代再辛苦了。

你想要翻轉，想要改變，就要把握機會跟有能力去做一些不同的嘗試。

嘗試本來就是一件辛苦的事情，冒險本來就是一件令人害怕的事情，因爲你要去做別人沒做過的事，本來就是會讓人感覺到恐懼的。

你選擇的路也許不是一般人會選擇的，可能是具有挑戰性的，甚至於是別人不曾走過的路。

你要開創，你就必須要勇敢，你要嘗試，你就必須要有冒險的心。

首先，你必須認知到這個家庭的命運，勢必要翻轉，否則可能會再度循環輪迴，導致跟上一代的狀況是一樣，包含你自己的命運，可能無法突破。上一代的生活方式你沒有辦法改變，但是你可以從你這一代開始做改變之後，進而帶給他們更好的人生，或是更好的運作方式，藉由你，去影響他們，會是更加容易的。

透由你的努力學習，或者是生活上的轉變，來去影響他們的生活，讓他們改變，有了一番成就之後，你可以操控跟控制家庭的走向，幫助他們選擇更好的生活。

很多孩子功成名就回到家庭之後，開始帶給家庭不同的想法與思維，有了不同的影響。

他回到家庭的時候，家庭讚賞他的成就，欣賞他的表現，肯定他在社會工作上的價值，回到家庭當中，他在說話的時候，父母親是比較能夠聽得進去的，能夠接受，那麼這時候，他要用他的力量去翻轉這個家庭的命運，或者是用他的影響力，去改變家人的生活方式或模式，是絕對比以前更有機會的。

所以，如果我們想要改變一個家庭的命運，真的要從這一代自己做起，然後也可以帶給我們下一代更好的生活，否則的話，很多的命運都會延續兩代，不論一代兩代，都是非常辛苦的。

既然你想要翻轉你的人生，既然你想要由你自己來影響你的家人，甚至於改變家人的命運、或者是生活的方式或模式，就必須要下很大的決心，因爲你知道

這是唯一的路，也是對你跟家人最好的選擇。

人生多一些的學習，不管是知識上的，或是生活中的學習，都是翻轉人生，翻轉命運的開始。

想要家人也跟著好命，我們先從自己開始做起，你一切都好，才有機會帶領家人一起變得更好。

心生病了

很多人知道自己得了憂鬱症之後，很努力的在調適自己，想讓自己能夠走出來，去除憂鬱，拾回自信。

現代人因為壓力大，很多人的情緒受到了干擾或影響，所以心生病了，有時無法讓自己開心起來，可能影響到了家人，也影響到了自己的工作與生活。

我想這些影響都不是他們願意的，他們一定想要好起來，拾回信心，找回過去開心的自己。

當然，憂鬱症有時候發作起來的時候，不是自己能夠控制的，但是也要努力嘗試開心的過每一天。

有的人對於憂鬱症有一些誤解，覺得他們就是想太多才會憂鬱，要他們學習放下，要他們努力想辦法讓自己開心起來。

或者忽然聽到有位朋友得了憂鬱症，會說：「他怎麼可能有憂鬱症？她看起來很開朗呀，怎麼可能有憂鬱症症？」

造成憂鬱症的因素有很多，可能是生活壓力、營養、遺傳、腦內傳導物質傳導異常、內分泌異常和大腦結構改變等，都可能引起憂鬱症的問題。

憂鬱症其實就是心感冒了，需要一些休息，需要藥物讓感冒好起來。就像我們的身體會感冒，感冒需要吃藥，感冒可能會有一些症狀，發燒、咳嗽、喉嚨痛。

憂鬱症就是心感冒了，可能會有不同的症狀，譬如可能有憂鬱、焦慮、躁鬱等其他症狀。

也許無法預知突然感到憂鬱的瞬間，很多人都說，忽然間就感覺到非常沮喪，對什麼事情都不感興趣，沒有辦法預知說：「我的憂鬱症即將要發作了，我現在忽然間覺得心情很不好了」，因爲可能是瞬間的。

可能原本還蠻高興的在看一部電影，忽然間有一幕或一首歌觸動了某一個感覺或感官，突然間被開啓了一個開關，那個開關開啓了之後，可能讓他聯想到很多小時候的事情，或者是聽到了一句話，開關被開啓了之後，它就再也沒辦法關起來。

感冒的過程，需要長期服用藥物治療。

心中的感冒，可能需要更長期的時間去服用藥物，或者是做心理諮商，讓那個癥結點能夠找到放下的方法，需要一點耐心。

不僅是生病的人需要耐心，其實家屬或是親人或是陪伴者，都需要很多的耐心去陪伴。

心感冒還沒好，有時候，偶爾會有難過或心情不好的時候，是很正常的。

就像我們平常人也會有心情不好的時候，也會有情緒起伏比較大的時候，所以，如果說我們都可以理解這樣的狀態的話，我們對於旁邊的人，就比較能夠理解他們。

了解他們可能不是一般心情不好，憂鬱症可能需要更長一點的時間來療癒。最重要的就是就醫或是尋求專業醫生的協助。

平常也可以寫一些自己鼓勵自己的小語，不斷對自己精神喊話或者是跟自我對話，這也是一種幫助。

如果你發現自己情緒欠佳已經長達了一段時間，超過兩個禮拜都沒有辦法讓你自己從那個悲傷的情緒當中走出來，也許我們都可以去尋求專業醫生的協助，找出問題，讓自己的心感冒趕快好起來。

重複的回憶

父母親的記憶，很喜歡停留在過去，也許是重複的述說，重複的回憶，一直把過去發生過的事情，拿出來再說一次。

我想很多人都有這樣的經驗，聽過了父母親的豐功偉業，也聽過了他們年輕時發生的事情，一遍又一遍，你可能已經倒背如流，自己都可以重複說上幾次，所以每次聽到他們又再講述的時候，子女通常會不耐煩地告訴他們：「我已經聽過很多遍了，我知道了！不要再講了！」

父母對於周遭親朋好友發生過的事情，他們如果掌握到最新情報，也一定要讓你知道，重複個十次都是小事，這樣的情況會一直講到有新進展或更新情報才會停止。

父母有些時候心很不安，需要家人常去安慰他們。

父母親對於孩子的擔心擔憂，都是一輩子的。

也許一直不斷的重複，我們就當做這是他們人生當中的練習。

人生當中的練習，有很多的話，我們常常聽父母講，每次遇到挫折，每次難過的時候，都常常聽到這個模式的話，他們自己也在回憶，也在練習，不斷的提醒自己曾經遇到過這樣的事情。

我們要做的功課就是重複練習傾聽，同樣的話他們再講一次，我們就再練習繼續聽，而且不厭其煩。

用這樣的方式去對待我們的父母親，千萬不要覺得很煩。

不要說：「已經講過了，是要講幾遍？」

千萬不要這樣說。

有一天，我們老了的時候，可能也會重覆述說自己以往的人生經驗，可能很多事情也需要別人多提醒幾遍。

念轉也需要練習，經過人生不同的練習，不斷的練習，才會讓念轉這件事情變成一種習慣跟學習。

所以，下次當我們的父母親又遇到了同樣的問題，他們又問你同樣的事情，或者是某件事情已經講了幾百遍，請提醒自己，這些事情都要不厭其煩地再聽一遍。

我們都希望爸爸媽媽也可以學習，好好的愛自己，然後他們過得開心，其實也是我們做兒女最大的希望。

有朋友說他有點害怕回家聽媽媽說那些三姑六婆的八卦，媽媽每次聽到什麼，回家都把自己聽到的，全部都告訴他，讓他覺得這跟他的人生有什麼關係？他一點都不想聽。

我告訴他說，你要覺得開心，媽媽幾天前的八卦，聽到了，還可以記到你回家時，再講一次給你聽，想一想，媽媽的記憶力有多好！

而且可能幾年前發生的事情，她還可以完整告訴你這件事情以前也發生過，代表她的記憶力真的超好的，不是該開心嗎？

老人家在菜市場聽到了八卦、或是家族中誰發生了什麼事情，跑來告訴你別人家發生的事情，都要覺得開心，因為他沒失智，記憶力超好，這都是令人覺得振奮與開心的事情。

他想要把他剛剛所聽到的，可以講的，通通都告訴你，其實對他來講是一個情緒上很大的一種抒發，對他來說，他其實是非常信任你，所以他才會把剛剛他所聽到的，很完整的全部講述給你聽。

我們不要覺得煩，不要覺得說：「你怎麼又去聽那些？那是別人的事情，我不想管，我不想聽！」

我們下次換另外一種想法，想說媽媽去那個聚會結束之後，她把當場聽到的，回來還可以轉述給我聽，代表她的記憶力非常好，都沒有忘記，也沒有失憶，也沒有失智，這是訓練記憶很好的方式，就請她盡量講。

我覺得做人子女也用另外一種思考，跟另外一種念轉的方式去對待爸爸媽媽，其實對父母親來講，轉述是重整跟建立記憶點很重要的一個過程。

所以，我們下次就別再覺得他們囉嗦了，他們可以完整的敘述一件事情是很棒的。

最害怕的是，有一天他告訴你說：「我跟你說，我跟你說，呃……，我忘記忘記我要說什麼了？」

那才真的要緊張了。

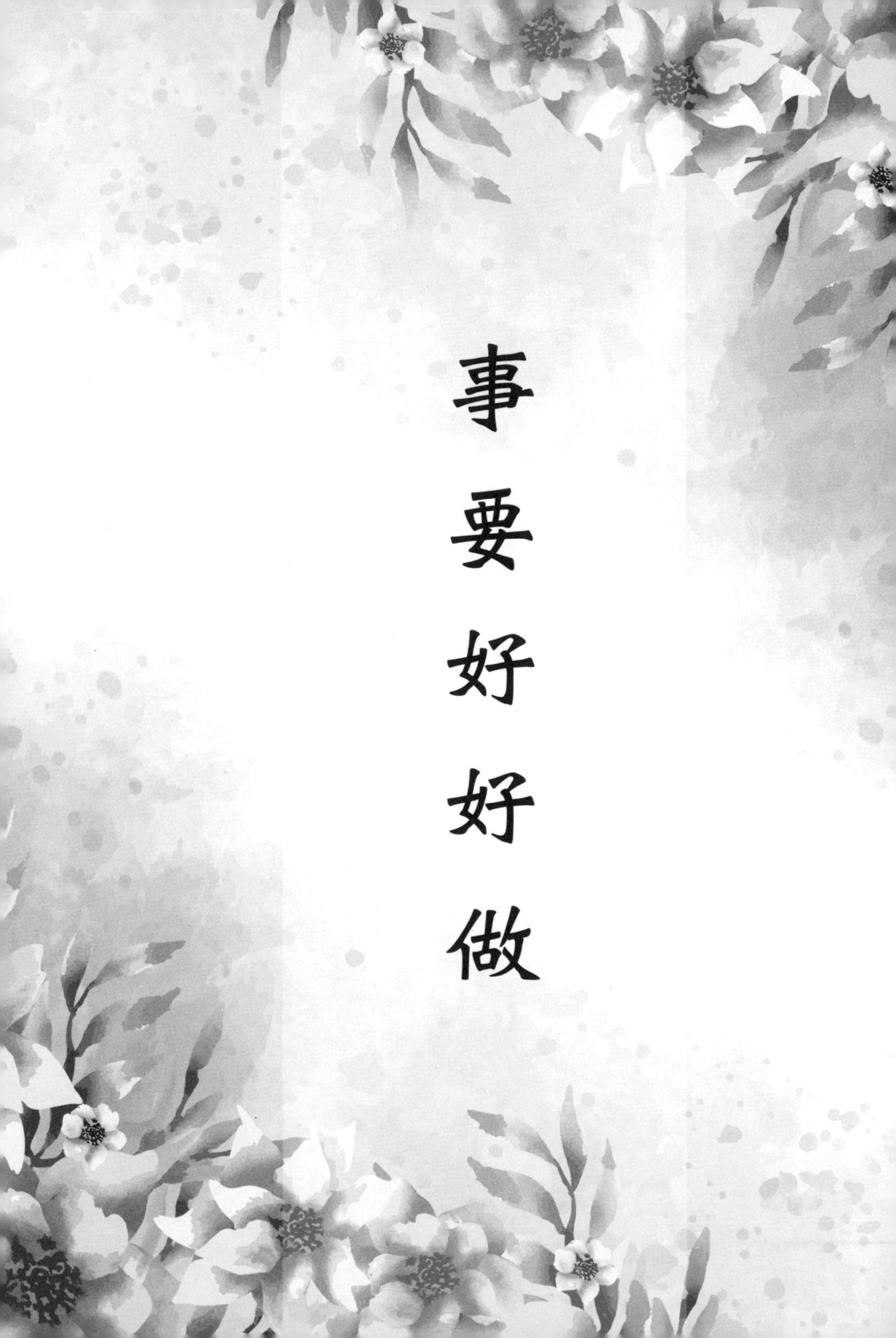
事要好好做

人生每一刻都在改變

人生，每一刻都在改變，你過去十年前的想法，跟現在的想法，跟未來再十年後的想法，一定都是不一樣的。

人生每一刻都在改變，包含我們的人身肉體，包含我們的想法。我們每一個人對一件事情的做法，十年前的做法，跟現在的做法，跟未來十年後你可能面對這件事情時的做法看法一定會有所不同的。

所以，我們每一個人每一刻都在改變，去學習適應改變自己，也去努力創造願意改變的自己。

因爲願意改變，總是一個新的嘗試，總是開啓了人生新的可能性，不要在還沒改變之前，就已經先害怕了，也不要在改變之後，後悔了這個選擇或答案。

人生選擇、改變和練習都是一件很美好的事情。

人生有選擇是一件很棒的事情，因爲你的人生必須不斷的做選擇，才能知道你的人生是豐富的。

人生不斷的改變，是因爲你在做選擇之後，接受了結果，或者是說你願意爲了某一件事情而改變，並調整心態及做法，你的人生擁有很多的可能性是你可以去創造的，而且你接受人生有很多的變化，所以你願意去改變它。

你願意讓自己的人生更好，所以，你做了改變這件事情。

那麼在人生不斷的去做選擇，然後改變了之後，你可以習慣與接受這個結果。

當然也可能喜歡這個結果，或不喜歡這個結果，你都會一而再再而三的去重複再去做選擇，再去做改變，人生就是一直不斷的練習。

人生，哪有人一次做一件事情，馬上就能夠成功的？

他可能必須累積了很多的智慧，很多的經驗，他才有可能盼得了成功，得到了成功。

也許他因爲幸運，很快速的得到了成功，他也必須在成功之後，不斷的重複練習，才能夠維持成功。

而你嘗試去做改變，也是一種不斷的練習，希望讓它更好的一種練習，期待得到更美好的結果。

如果是已經成功的，當然要練習的是如何維持成功的結果，希望這個成功可以一直不斷的延續，所以練習是很重要的。

人生每一刻真的都在改變，而人生想要變得更好，或是想要一直都那麼好，你必須不斷的練習，不斷的改變，不斷的進步，讓你的人生越來越好。

每一天都要學習新的事物，我們不可能每件事情都會，所以要不斷去學習跟創造，學到了一件新的事物，就要練習去維持最佳狀態。

有效管理你的心

如果你是一個能夠有效管理自己的心的人，你就是一個懂得自律的人，也會是一個比較積極有能力的人，更可以說你是一個有效率的人。

有效率的人，可以讓自己的人生發揮到最好。

我們鼓勵大家練習自律，也要求自律。

當你成爲一個自律的人，你就能夠得到比別人更多的能力，因爲你懂得自我要求，懂得自我要求之後，就能夠知道什麼事情可以做，什麼事情不能做。

當你有自律的精神，就會有積極的能力去規劃自己的人生，這是非常重要的。當一個人可以積極的、有能力去規劃自己的人生時，失敗的機會比較低，你也不會輕易的去做決定，你會深思熟慮之後再做決定，比較不容易讓自己後悔。

就算選擇錯誤，你也能快速重新再站起來，重新做選擇，因為你知道選擇錯誤沒有關係，只要還有積極的信念，就能夠讓自己擁有重新的機會。

你是一個積極的人嗎？

拾起自我積極的信念是非常重要的。

有人嘲笑說：「積極的人不就是自我催眠的人而已。」

我想會這樣說的人，可能負面看待了積極這件事情，就算是自我催眠都有積極的信念在其中，就算是運用了自我催眠的想法，都是因為真的希望用想法來改變自己，至少催眠自己可以讓自己擁有重新開始的機會。

積極的人不是自我催眠，而是願意用「積極的態度及行動力」給自己多一些的機會，在還沒擁有行動力之前就放棄的人，才是真正消極的人。

我們可以從現在開始學習有效管理你的心，懂得約束自己，學習自律與要求自己，有時雖然善待自己也很重要，但也別讓自己太好過，要適時地鍛鍊一下自己，讓自己願意努力，管理自我，才能有效管理自己的人生。

習慣來自堅持

有人說過，習慣的養成需要二十一天，一個人一旦習慣了一件事情，就可以養成某些依賴或選擇。

二十一天是種代表性說法，我相信很多習慣的養成，也許不用那麼久的時間，但也有可能某些事情的習慣培養，需要更久的時間。

每個人的個性不同，真的很難用一個時間量尺來說明每個人習慣養成的關鍵。

但我相信，最重要的是信念，是你想不想要養成這樣習慣的信念與想法。

你不想，再多的時間也沒有用。

你很想，也許幾天的時間就能夠養成這樣的習慣。

有時候，決定關鍵在於你願意堅持，習慣這麼做，讓自己可能有成功的機會，那麼多次練習與習慣的情況下，可能就多了一次機會。

多練習幾次之後，你的堅持變成了習慣，總有一天因爲你堅持必須要練習，堅持習慣這麼做，這個堅持，有時候因爲長久的習慣，讓你成功了。

生活中，不要讓自己有太多的誘因鬆懈自己，不要讓自己有太多多餘的機會，一旦機會變多，可能就不懂得珍惜。

如果沒有太多的機會，你就會懂得珍惜。

當你發現沒機會的時候，你會懂得把握機會。

當你發現機會很多的時候，人就會開始感覺到鬆懈。

所以別讓自己有太多的機會，就能夠把握機會，珍惜機會，才能夠一次發揮到位。

別想要霸凌我

別想要霸凌我，我不會給你機會的。

因為我不會把你給我的對待，視為霸凌，因為不成氣候，也不在我眼中。

用這樣的心態去看待霸凌，不去在意，霸凌者就無法一直得到霸凌你的快感。

我知道大家在生活當中或是在工作當中，常常因爲別人的耳語而感覺到難過。可能別人講了你什麼，然後攻擊你，讓你覺得受傷。

其實在辦公室中被霸凌或者在學校裡被霸凌，我知道那真的令人非常非常的難過與煎熬。

我都非常能夠了解，我能感同身受這種被欺負的感覺，我也曾經歷過這種啞口無言跟啞巴吃黃連，有苦說不出的感覺。

你要再去解釋什麼，別人還是會從你的話裡面，再去挑話來做一番解釋，然後他們又可以用這些言語再來霸凌你一次。

給大家一個建議，其實，我真的覺得人生不要浪費太多的時間在這件事情上面。

看見霸凌者霸凌你的行爲或話語，只是讓他們自己行惡，他們做多了這樣的惡事，真的不覺得自己壞，因為他們內化了內心的惡，變成了真的惡，所以不覺得自己很壞，還以為自己伸張正義。

說真的，那些人或那些事、那些話，真的不用放到你的生活中。

我真的覺得花時間去聽，或是去了解，或者是去生氣，甚至於去做任何情緒反應，都浪費了生命。

我覺得霸凌者很可憐，因爲他們再繼續講，也無法讓我在意。

不是我高傲，而是不要浪費生命在這些行惡的霸凌者身上，根本就不值得。

我根本不覺得有什麼好在意的，讓自己的人生傷心難過，根本不值得。

你知道人生中有好多事情是很寶貴的，你必須要花很多的時間去用在真正值得在意的事情上面。

如果今天只有一個小時，我花十分鐘爲這件事情傷心難過，就少了十分鐘可以去做真正有意義的事情，那我爲什麼要這麼做？

所以，別人來傷害我這件事情，聽到了，只會難過幾秒，我願意給他幾秒的時間，然後就讓這件事情過去了。

知道了就好，不用去知道原因，不用去知道為什麼他們要這麼做！

因為探究原因，浪費了時間。

這樣跟大家說，大家也許很難理解，可能覺得爲什麼有人會這樣對我們？

我自己因爲經歷了很多年了，我才能這麼說。

我真的給大家一點建議，如果再花時間在這些事情上面，真的很不值得，而且真的會讓自己的人生越來越可憐。

因爲你專注在一個你不應該在意、跟不需要在意的人上面。

就像要攻擊你的人，他花了很多的時間在你身上，只爲了觀察你在做什麼？為了攻擊你，他做了很多的功課，可能人生當中很多有樂趣的事情他都不做了，只想要攻擊你，去搜集你的資訊，去看你的生活在做什麼？

其實他好累，好可憐，他的人生就只有你，他就只爲了攻擊你而存在。

其實這樣的人好可憐。

他已經這麼可憐了，其實我們真的不需要再爲了他說你什麼、或做了什麼，再去傷心難過了。

我們也不需要在意別人是否討厭我們，因爲這世界上一定有人討厭我們跟喜歡我們的。

當我們不去在意別人討厭我們或喜歡我們，我們做事情的態度其實都是一樣的。

如果今天在意他討厭我，我在他面前做事，其實會用很大的力氣，因爲我希望他不要討厭我，我希望翻轉他對我的看法，我會用很大的力氣去做這件事。

但如果我根本就不在意人家喜不喜歡我？討不討厭我？

我只做我的本份內的事，這件事情我該做的，我盡力把它做好，其實就不需要花那麼大力氣去展現自己，那就是原本最真實的我。

小習慣大影響

改變不好的習慣，讓好習慣留下來，讓不好的習慣改變。

生活要重回正軌，你必須要知道什麼事情是需要做的、可以做的，什麼事情是不能做、不需要做的，思考一下，某些習慣會妨礙你正常的生活，跟你的正常生活運行的時候，就要去思考習慣存在的必要性。

一整天的生活運行，哪些事情是在你行程當中應該要做的？哪些事情是多餘不應該要做的？

會影響到你整天行程的進行，哪怕是一件小事，你都要去思考，讓這件小事加進來，在你的行程當中，會不會對你造成很大的影響？

如果你覺得不會造成很大的影響，那麼你可以讓這個小習慣或小事件發生，沒有關係。

但是如果已經養成了一個習慣，是每次都會出現，影響了你整天的運行，那你就要重視這個應改變的習慣，以及重新加入每日新形成的習慣，因爲它對你來說，一定會造成某些程度上的影響。

一個人如果可以掌控一點小改變，從你的生活當中，就可以掌控自己整個人生以及整個生命的感覺。

因爲你從小事情當中，可以自我決定，然後去改變、去控制，漸漸的，你會因爲完成了這一件事情，完成了這件你可以改變的事情、可以控制的事情，而漸漸的有了自信。

所以，一個人要如何訓練自己，增強自己的自信？其實就是從每天做一件你可以控制的事情，然後讓這件事情次數變多、範圍變大、事件變大，你就會開始漸漸增長了。

一旦你擁有了可以控制自己生活的力量，學會了控制之後，就是可以建立新的習慣的開始。

建立了新的習慣，你就可以有著改變的動力。

小習慣大影響，不要小看這些習慣，它可能對你有著大大的影響。

檢視一下你的好習慣或壞習慣，能夠改變的，就嘗試一下吧！

挑戰

我們的人生當中都會面臨到挑戰，而這些挑戰，其實都可以成爲人生非常重要的關鍵之一。

我們都必須從這些珍貴的挑戰當中，學習到很多的經驗。

有些事情也許你當年看的時候，它不足以成爲一個人的眼界，或者它可能會在那個當下，成爲你非常痛苦的來源，只要你堅強面對，多年後，你就會知道，這些挑戰、這些挫折，其實都是爲了訓練你成爲更好的你，所以才出現的。

如果可以把這樣的信念，當做是一種認知，接受這樣的說法，你就比較能夠去接受你當時所遇到的挫折。

因爲你知道，那些挫折的當下，是有意義的。

過了幾年之後，你再回頭去看這些挫折，或是這些挑戰，你會更能夠去接受當年所遭受到的對待，更能夠去了解這些原因。

而你當時所面臨到的事件也會變成成就你現在越來越好的一個支持力量。

過程當中也許會有很多的苦痛、很多的挫折，但如果你可以在這些挫折挑戰中，一樣能夠繼續堅持，不斷的學習，然後不斷尋求更好的改變，建立起生活當中、工作當中或是人際關係當中最好的自己，就可以獲得更多的改變。

不要認爲人生當中一件痛苦的事情，會毀掉你的人生。

人生不會因爲一件事情而被摧毀，但會被改變。

你的人生會因爲無數的事情發生，而有了無數次的改變。

因爲發生這無數次的改變，而讓你接受了無數次挑戰、無數次的衝擊，慢慢學會修正，慢慢學會改變，而建立了承受壓力的新方法。

而這些微小的改變，跟大大的突破，有一個非常重要的關鍵，就是一直不斷持續給你很強烈的刺激，而這份很強烈的刺激，就是一直不斷的給予你挫折跟挑戰，以至於你可能會有一段時期，常常覺得：爲什麼又是我？

或者感覺：這些挑戰，根本就是衝著我來的？爲什麼我好不容易站到了某一個巔峯，好不容易努力到了這個程度，爲什麼上天竟然要給予我這樣的一個打擊，或是一個挑戰？或者是剝奪了我應該要有的成果？上天爲什麼這樣對待我？

當你有了這樣的想法的時候，你其實可以瞭解到，上天給你的打擊，不會是一瞬間的，也不會是隨機的，上天所給予你的，永遠都是在你學習歷練之後，為了考驗你能不能夠通過測試，而出現的一個事件點。

它是爲了讓你持續的，把你過去所經歷的，運用發揮在最後需要測驗的這個時刻。

所以幾年之後，你就會發現，你過去所經歷的事情，其實是一連串不斷的測試、一連串不斷的挑戰，然後，一連串不斷的建立信心與肯定自己的過程。

平衡

對很多人來說，改變自己的關係或者改變習慣，是很難的兩件事情。

有同學分享，在疫情之前，他正在擔任學校的行政職務。

疫情剛開始，他就發現自己越來越懶，對工作沒信心，對家人沒有耐心，想要改掉這些習慣又覺得不夠積極，明明知道要去做，但卻不想要去做。

知道運動很好，對身體有幫助，但內心知道了，卻還是無法提起執行力去做。

想要在進取之間取得一個平衡點，不知道如何拿捏其中的原則。

其實這其中也談到了很多人都會犯的同樣的一個問題，就是我們對朋友，永遠比家人好。

我們會主動關心朋友，但卻鮮少主動關心家人。

可能認爲是家人，然後很親近，覺得不用多說些什麼。

越是這樣的狀況，就越吝嗇主動去關心對方，其實這是我們一般人的通病，好像覺得他們無私奉獻，我們對他們的關心就可以少，他們也不會抱怨，也不會斤斤計較，所以就不主動關心他們。

但是朋友之間，常常想到對方，就會說：你怎麼都沒關心我？你怎麼最近都沒電話？你怎麼最近怎麼樣？

就算對方說：「我最近很忙，所以沒有空打電話給你」，你也不會生氣，因爲他是朋友，你對朋友就特別的好。

因此，我們都需要做一個調整。

我們都應該反過來對自己的家人要最好，因爲他們是你的家人。

我們可能從小到大都對自己的家人很沒有耐心，感覺很不耐煩，但現在我們如果知道了這個道理，就應該要提早去把這樣的習慣建立，好東西都應該先拿回家給家人來享用。

因爲他們跟你有血緣關係，他們跟你才是最親近的，有多的才去分享給朋友，所以先把自己的家人顧好，其實象徵著也把你自己先顧好。

那些外面的朋友，他未必會跟你長久，但是你的家人，一定是跟你一輩子的，就算你有一天走了，他們都還是你的家人，不離不棄。

其實應該要做的是把家人顧好，既然家人那麼重要，我們怎麼可以輕易的對他們發脾氣，或者是不好好的把改變這件事情建立在他們身上?所以爲家人改變，時間的比例上，不要花太多的時間在朋友身上，寧願就是多陪家人，這其實才是最重要的。

如果我們可以爲家人改變，那當然是更好的。

如果說我們有意識到對自己家人好像比較沒有什麼耐心，我們就應該要很注意自己這樣的行爲。

每一個人都可以從現在就開始做起，對家人講話有耐心。

說到工作上平衡的事情，有人提出：慈悲是不能帶兵的。

其實有時候要看你用的方法，我覺得方法不管是慈悲、或者堅持、或強硬，不管是專業、或者是帶著所謂的情感去處理工序，它都有一定不同比例的可能性會成功。

但我覺得，不管想掌握的是平衡也好，或者是你想要達成的是目標也好，或者是你想要完成這個任務也好，我覺得最重要的是你自己要有自己的專業度，就事論事，不帶情緒把事情辦完。

要用什麼方式對待這個人？到底是要軟？還是對待這個人要用硬的方式？或是軟硬兼施？其實應根據這個人的個性判斷，未必要用強硬的方式來去布達一個命令，或者是用慈悲的方式來去對應辦公室的人。

方法要用在不同的人身上，想要追求所謂的平衡，這個平衡應該是很單純的，在工作上就事論事。

對於這個人我該用什麼樣的方法？就因人而異。

今天用這個方法不行，明天就換方法。

人的選擇是沒有一定的，可能現在這個選擇不對了，然後你得到了一個不好的結果，你知道這條路不會通，你就換一條路，你就換另外一個選擇。

你知道這個方法對這個同事沒有效、沒有用，那就不要用這個方法，下次你就換別的方法。

可能你會說：「我就倒霉要幫他承接！」那沒關係，人有時候就別太計較，人生有時候很多事情是有因果關係，跟共同承擔的共同體。

人生不要逃避需要學習的過程。

有的人會說：我一定要選擇對的事情！

做一個對的選擇，是想要減少犯錯跟想要減少看見不好的結果。

但有的時候，人生就是必須要承擔不對的選擇，你走這條路，才能夠知道這是不對的。

所以，不要去逃避你必須要做的選擇，也不要認爲你一定要做對的選擇，人生沒有百分之百一定對的。

你覺得你對了，少錯了，那是一種成就感。

或者是你覺得自我感覺良好：「我好像比較聰明，我沒有犯什麼錯，我沒有遇到什麼挫折，因爲我很聰明，我做了對的選擇。」

但有時候，人生做一些錯的選擇是好的，有了錯誤，你才能知道原來這個東西這麼不適合你。

有時候你一心一念想要這個東西，一輩子執著，認爲你必須要做到這件事情，結果在你真正得到的那一刻，你才發現原來它完全不適合你。

有人用盡他一生的力量跟時間，到了得到的這一刻，才發現，原來這些東西根本就不適合他。

不值得嗎？很值得。

他用一輩子的時間去了解一件事情，知道這件事情不適合他。

當然，有的人會想：「天啊，他用一輩子的時間，花了一輩子的時間，浪費了一輩子的時間，竟然得到的東西不適合他！」

我覺得未必是浪費時間，我覺得是他用一輩子，這麼長的時間，去釐清一件這麼重要的事情。

而這件事情最後得到的答案是不適合他的。

他在此刻知道不需要再執著了。

這就是人生最重要的答案，他不必用他的餘生再去執著。

覺知這個人事物不屬於自己，這是一件這麼重要的事，跟這麼好的事情，我終於知道了，太好了，我下半輩子跟我後面的餘生不會再執著在這件事情上了，這件事情就到此爲止了。

現在開始，我可以去追求不同的夢想，我可以走不同的路，我可以做不同的選擇，所以這是一件好事。

假設今天很悲慘的是，直到了臨終的那一刻，才忽然間發現原來這不適合自己，也是很好的。

因爲你此生都爲了這件事情在做學習。

到了臨終前的那一刻，你終於瞭解到了，也是用盡了一生在做學習，而瞭解到了，這也是一件必須要經歷的過程。

所以人生當中，哪有什麼事情是一定對或一定錯的？

最重要的是，你在這整個過程當中，你有沒有樂在其中？跟真正沉浸在其中？

很認真的去負責任，去面對它，這就是就事論事。

我們每一件事情，其實就是真的要很專業、很專心的去看看事情的本質。

要不帶任何情緒是很難的，因爲人有很多主觀的意見、很多主觀的想法，個人的情感都會交付在裏面。

有時候我們可能偶爾清醒、跳脫來看問題，偶爾帶有情緒反應的、情緒化的去做決定，其實這都沒有什麼一定對或一定錯，因爲這都是當下的你最想要的選擇，跟你當下因爲環境、時空、背景促成的元素，而讓你做了這個決定。

這其實都是非常美好的必經過程，如果我們人生沒有這些重複的學習，跟重複的選擇，我們不會知道我們的選擇越來越少，然後我們選擇的越來越好，跟我們想要的越來越清楚。

所以，一直不斷地做選擇，是非常重要的，不要害怕，也不要覺得這是一件很麻煩的事。

我們先從去選飲料開始，到底要先喝茶？還是喝咖啡？汽水？

先從這個類別開始，再來選擇廠牌。

你可以在人生中用篩選法，慢慢選擇你今天這一刻。

站在這裏，想要的也許是飲料，也許是咖啡，也許是酒，這都是你當下在這一刻要做的選擇。

拿回家之後，覺得不好喝、不喜歡喝、不要喝，那也是下一刻鐘的選擇。

你因為嘗試過了，也知道了這個東西喜不喜歡。

你會知道明天你要不要再選同樣這一份飲料了，這不是很好的一件事嗎？

所以，選擇其實是不斷的幫助我們釐清我們自己想要的部分。

人生可以做選擇是一件很幸福的事情。

人生可以做選擇的時候，多做選擇，會讓我們越來越清楚自己想要的是什麼。

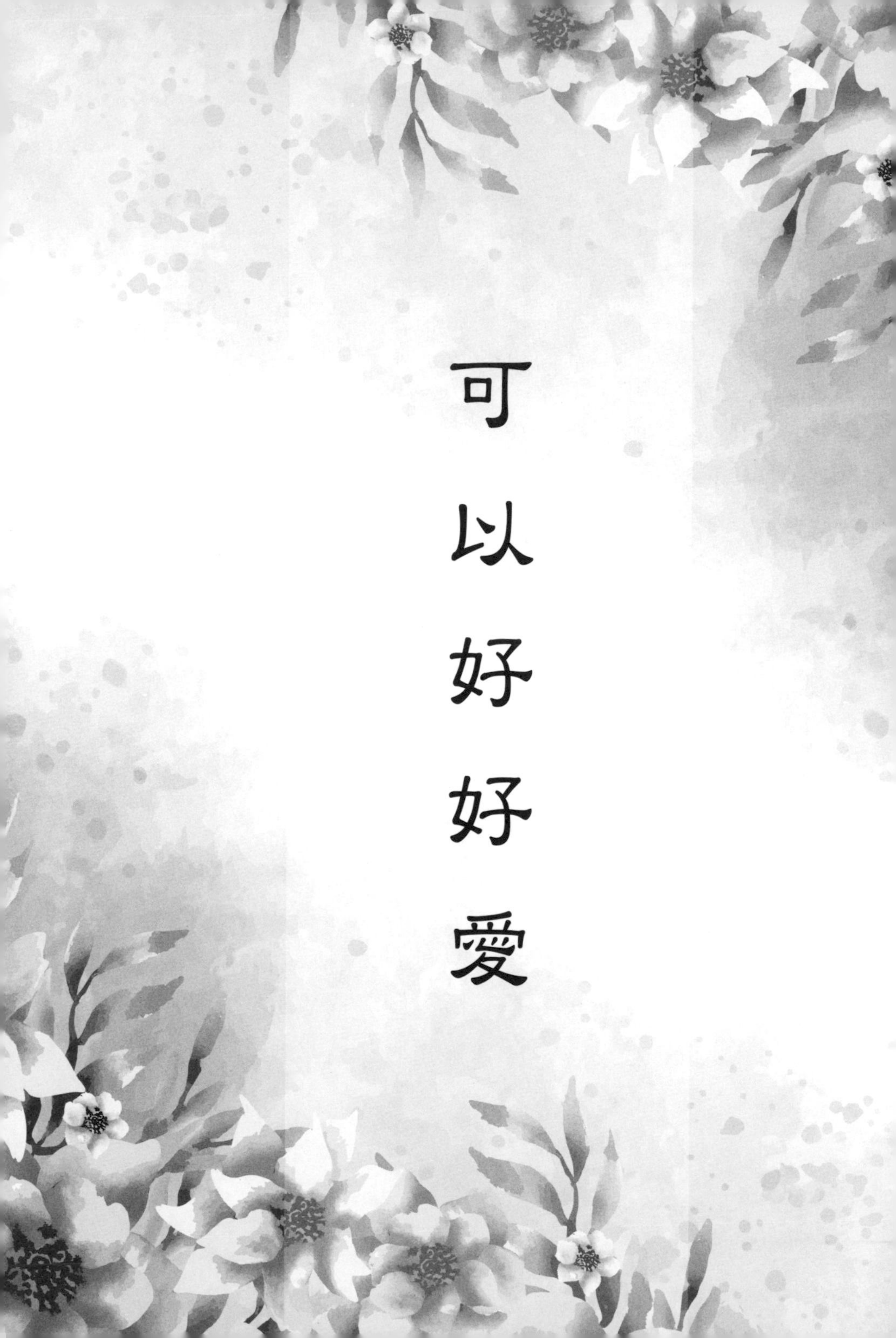
可以好好愛

表達與分享

我們常常在跟另一半講話的時候，表達的是對事件的看法，例如說：我們跟另外一半在一起，或者是跟朋友在一起，對於某一件事情產生了討論或評論，或者是講述某件事情發生的所有過程，好像在講故事一般，但沒有加入個人的感覺，所以，有時候我們跟伴侶在聊天的時候，或者是跟朋友在聊天的時候，雖然很多人聚在一起，雖然你的伴侶在你旁邊，但你依然感覺到孤單寂寞，甚至於感覺對方明明就是跟你相知相守，但最熟悉的人爲什麼會這樣呢？

因爲，我們其實跟另外一半在相處的時候，很少能夠去談論彼此的「感覺」。

事實上，我們如果想要一段關係能夠長久，其實要常常的去討論跟談論自己的感覺，讓對方知道。

也許有的時候我們都太自我中心了，常常表述自己遇到的事情或遇到的事件，然後談論了自己的想法，但談論想法，卻很少把自己對於這件事情的感受，以及感覺告訴對方。

其實我們可以常常運用這種表達方式，把自己的感覺告訴對方，例如說：你在說話的開頭，可以常常說：「我覺得我感受到……。」

然後讓對方知道你現在當下的感覺，這個就像是邀請對方進入了我們的心中，瞭解了我們的感受。

很多時候，我們發現對另外一半發生的事情，已經失去了耐心，對他發生的事情也不再有興趣了，覺得日常生活當中缺少了熱情，覺得無趣了，可能是因爲相處太久，然後變成了習慣，過於瞭解彼此，你覺得沒有什麼需要再談論的了，也沒有心情再去找有趣的話題。

事實上，如果我們可以在日常生活當中，把遇到的事情拿出來分享，討論的當下，也可以加一點點彼此的感受，或是彼此的感覺，能夠做到情緒的分享，其實會讓彼此之間的對話，更具有意義。

有時候，我們常常在聽對方講話的時候，除了分享自己對這件事情的看法之外，最重要的是，這個事件當中，你的感受如何？

就算是電視上的新聞，它發生了，你的感受如何？你感覺如何？並不是對這個事件只是批評，或是評論而已。

而是要讓對方知道你對這件事情所產生的感覺、感受或情緒。

不要害怕在對方面前自我揭露，或者真實的表達自己的情緒，你不用感覺到畏縮或不好意思。

你在最親密的人身邊，不需要害怕寂寞，不需要恐懼，也不需要擔憂負面的情緒表達，你可以展現出你的負面情緒，讓對方知道。

因爲所有的情緒，不管是正向、負向，或者是感到孤獨、快樂，其實都是可以被理解的情緒，因爲那都是最真實的自己。

所以，我們可以學習表達自我的情感，讓跟我們有親密關係的人，也能夠了解這些情緒是有正向、負向，例如說：你可以學習表達心中的遺憾、憤怒或者是不安，甚至是對某一件事情的困惑，不一定都是美好的情緒，你也可以是充滿著負面的，或者表達一些字句是帶有情緒性的字眼，甚至是憤怒的情緒，焦躁不安的感受，都可以很立即的、很信任的讓對方知道。

其實，有時候，我們爲什麼會害怕表達自己真正負面的情緒讓對方知道？是因爲我們很怕對方在傾聽我們表達情緒的同時，帶著批判的字眼。害怕他會告訴你說：你怎麼可以這樣想？你怎麼可以這樣講別人？你怎麼可以這麼生氣？你應該是要平靜的對待這件事情，要原諒這件事情，要能夠放下。

我們要的不是理解事情的公正性，而是有人可以同理我們的感受。跟另外一半談論這些事情的時候，如果不能夠被同理，感覺上好像跟一個傳教士在講話，不能帶有任何情緒，也不能有憤怒的字眼。其實真的不需要這樣。

你應該是可以毫不保留的表達，而且信任你的另一半，完全的跟他表達這些情緒，因爲這些情緒最真實，是來自於你對於這件事情最真實的感受，所以你理所當然可以把這些所有的情緒，不管好或不好，都可以表達給你的另一半知道。

這樣子，才能夠讓你們之間親密的層次，能夠進階到接納彼此的情緒，而成爲更可以信任彼此的另一半。

愛

如果你的另外一半能夠接受真實的你，你就會想跟對方在一起一輩子。

因爲在他面前，可以做真實的自己，展現你的所有。

當然，如果你愛一個人，不僅是渴望被愛，也能知道如何去愛他的時候，那就是真正的愛了。

因為你開始懂得給予，不再只是想要得到。

當你願意爲一段關係付出愛的同時，你希望對方得到快樂，也會開始學習在快樂當中，如何取得平衡，瞭解自己的快樂。

你希望對方被你吸引的同時，你自己也是愉悅的、快樂的，這樣才能造就一段長久穩定的關係。

如果你單單只是希望對方得到愛，而不顧及對方的感受，你的愛會太過於自私，太過於自我，而無法讓對方得到真正的快樂。

同理，如果你一味全心全意的給予，也忽略了自己的感受，那也會對對方造成一種壓力。

這樣的愛也非真的愛。

這種強烈的愛，只想讓對方得到，而忽略了自我，也忽略了真正愛的本質。成熟的愛應該是彼此在關係當中，都能得到快樂，可以讓我們彼此都心靈安定。

而且不管對方呈現出來愛的狀態，或是關心的程度，都可以讓彼此感覺到愉悅快樂，甚至於對於這樣的關係給予肯定，而且盡情的讓對方在你面前展現他自己。

你不會有太多批判或是指正，甚至要求對方改變想法，並能夠自在包容他，讓對方做他自己，這種成熟的給予，以及願意給對方空間做他自己的這種愛，才是真正的愛。

你愛他，就讓他做自己，而你愛他，他也能夠讓你做你自己。

愛的關係

對於一段愛的關係，能夠肯定彼此，而且能夠瞭解彼此，這樣的關係才能夠長久。

如果你在一段關係面前都是自在的，你就不會想要去擁有一段不自在或是恐懼、甚至害怕失去的感情。

你會知道跟這個人在一起是安全的、舒服的，然後在心理層面當中，你知道他是跟你緊密連接的。

這心理當中的發展，能夠產生穩定能量的連接，讓彼此都瞭解到愛的溫暖，並感受到彼此是被需要也能夠給予的，是能夠滿足自己，也能夠學習成長，也能夠照顧彼此的。

在這樣的情緒、情感、能量連接之下，就能夠緊密的穩定住這段關係。

所謂的穩定關係跟愛的關係，是至少我們能夠讓另一半在我們的身邊，感覺到幸福，也能夠感覺到自由。

你想跟對方長久的在一起，是因爲你跟對方在一起的時候，大部分的時間都是開心快樂的，而且是自在無需掩飾的。

跟對方在一起時，不需要太多的掩飾，沒有所謂的對或不對，沒有所謂的好或不好，也沒有所謂的差異比較性。

你知道對方不管展現出怎樣的自己，你都是能夠接受自我完整性，以及任意的讓他表現他自己，這種希望去愛，又能夠被愛，能夠讓我們漸漸將心中的恐懼移除，也不會太過依賴對方的存在或肯定，你會知道這段關係穩固，是因爲你不需要太努力，對方跟你之間的關係依然堅定。

而努力去運作得來的關係，如果懂得珍惜跟包容，就能夠讓彼此的關係更加穩定穩固。

彼此相互陪伴，也不用刻意去配合對方，討好對方，而能夠信任彼此。

親密關係維持的關鍵，是因爲你能夠在對方面前做最真實的自己，你能夠把那顆心交給他，也可以隨意的把心放回到自己身上來，不會害怕對方心中沒有你，你會試圖去展現自己最真實的那一面，也能夠肯定對方展現在你面前的那一面，不管是好或不好，你全盤都能夠接受。

因此，對方展現所有的情緒，包含受到傷害、憤怒、嫉妒、恨意、邪惡或可恥，甚至是貪念，你都能夠了解，以及試著接受，陪伴著對方經歷這些情緒發洩的過程。

不會讓對方覺得被遺棄，不會讓另一半單打獨鬥的面對自己情緒，能夠成爲重要的支持者，在身邊陪伴著他。

這才能夠讓你的另一半感受到自由跟愛的感受。

有的時候，人跟人在一起，也許是因為習慣，也許是因爲真的有愛，但是能夠習慣，是因爲建立在信任的基礎上，並且有開心的感覺，這份習慣才能夠被建立。

人跟人之間在一起能夠長久，一定是彼此之間有創造出彼此可貴與重要的回憶。

而這段重要的回憶，必須仰賴很多的信任，以及愉快的感覺，而聚集在一起。一段健康的關係是非常重要的，如果一段關係讓你感覺到不舒服，這個時候你就不應該讓這段關係繼續下去，應該要趕快轉移或是轉換你的注意力，或者是趕快結束這段關係，脫離這段關係。

在關係當中，如果你已經產生不對等的情緒，或是感覺到不公平的對待，甚至有不舒服的狀況，其實就可以選擇離開這段關係，避免讓自己陷入愁苦當中。

例如有些人喜歡在朋友面前批評對方的身材，你如果感覺不被尊重，其實他就是讓你感覺不舒服的朋友，也許磁場各方面都不同，不需要強迫在一起，也不用強迫變成朋友。

有些人是別人感情中的第三者，無法繼續是因為這段關係讓他感到不安，他不想繼續這樣不安的關係，所以選擇離開，這都是自己的感受。

一段關係的安穩與否，最終還是在於自己的感受。

你我之間的距離

我知道大家真的都很轉念，很努力在人生路途中學習成長。

這樣學習的心，讓人真的非常感動。

我真的覺得人生看起來很長，但是其實人生的時間好短，很寶貴。

你不知道你下一刻還在不在？

所以不要把太多時間浪費在傷心難過上。

傷心難過一定會有，我們讓這個情緒完整的發洩或完整的走過。

當你讓這個情緒完整的走過了之後，就要把更重要的事情，跟更多的時間，放在對自己跟對他人都有意義的事情上。

菩薩上課講到了「差異性」，亦即我們人跟人之間，爲什麼會有所謂的嫉妒與不愉快出現？

其實，有時候是因為我們人就算是再好的朋友，有時候會因為差異性的關係，會有比較心，然後就會看這個人跟你之間的差異性。

可能你比別人好，你不會感覺到差異性的存在。但是如果別人比不上你，他的心裡就會產生比較，就算你沒有感覺，但稍微具有落後差異的人，他的感覺會被放大，他會覺得比不上你而感覺到失落或沮喪。

又或者有些人覺得自己比別人高尚，就會有看不起別人的感覺，總覺得這個人好像比不上自己，那就是所謂的差異性。

本書中講到這個所謂差異性問題，尤其常發生在我們看待另一半的時候。

有時候，你很愛他，覺得他好棒；但有時候，相處久了之後，你感覺到差異性出現了，就會覺得他不如你。

本來是來互補你的，剛開始愛他的時候，你覺得，他好棒，跟你互補，然後他很優秀，到後來相處久了之後，變成一種習慣的時候，你就開始覺得他怎麼這麼糟糕，他怎麼這麼差？

其實那時候，是自我認知上的差異性出來了，所以會感覺好像看不起另一半。

在愛情當中，如果看不起另一半，是一件很恐怖的事情，因爲你就會慢慢覺得對方變得不好，慢慢失去了對他的耐心，慢慢消磨彼此感情，而這也是越來越不相愛的的開始。

大家可能去觀察一下，你有沒有開始對你的另一半有一種差異性？你是否覺得他不如你？或者是你沒有辦法繼續欣賞他的感覺？

人與人之間本來就有差異，本來就不同，該用不同的角度欣賞彼此，而不是用差異性來代表人的高低。

能夠珍惜，才能夠讓愛情長久。
學會感恩彼此的陪伴，感情中才能認同彼此，珍惜對方。

關係上的滿足

兩性關係中，你有時會想：對方期待我這麼做，如果我不這麼做的話，是不是沒有辦法去符合對方的需要和期待？

是不是就無法證明自己的價值？

其實我覺得每一個人都會爲自己著想，當你在選擇要做一件事，其實可以直接把自己放在第一位的考量，思考了一下之後，你會把別人的元素加進來，但我覺得最重要的還是你自己的想法，也許你做這件事情，是爲了符合別人的期待，然後顧及了別人的感受，那可能尊重了別人的自尊，你在做這些事情上有所考量，我覺得很好，因爲你很圓融，很貼心，你替別人想了很多事情，但不要忘記，這件事情如果是強迫你做的，或是讓你不開心去做的，總有一天你會有彈性疲乏的時候，你會有不開心的時候。

就像前面一直跟大家提到的關係，不管是跟家人或是跟朋友的一段關係，如果你一直都在不愉快的情況下或情緒下，一直不斷的在相處中產生痛苦，久了之後，你一定會彈性疲乏的。

你可能會覺得這段關係你並不開心，也不快樂。

不管是跟朋友或是跟家人、同事，一段關係的長久其實取決在於你在這個關係中，究竟是開心還是不開心？

如果你一直都在這段關係裏是開心的，受到尊重的，被重視的，而且是被愛的，你會在這段關係裏面慢慢變得越來越珍惜，然後會越來越快樂。

但如果你一直都是憂愁的，擔心的，害怕失去的，你在這段感情當中或是友情當中，關係都是戰戰兢兢的，你會越來越沒有安全感，不如就選擇不要去強求，不要去強留，甚至於索性就決定放下吧！

或者你還是沒辦法放下時，學習轉移注意力去做一點別的事情。

因爲人生當中，一定有更重要的事情在等著你，這段關係絕對不會是主導你人生最關鍵的部分或者是決定權。

大家都先別把事情想的太嚴重，有很多事情，我們現在看似嚴重，但它其實有很多轉換的空間，有很多選擇的條件。

你可以有資格去做別的選擇，不一定要執著於眼前。

別把人生的選擇看得太重，你的人生不會是只有一種答案。

你人生的選擇條件也不會是只有一種，所以不要把自己侷限在「我非得這麼做才有出路，我非得做這個選擇才能生存下去，或者我非得要這個人不可，我才能夠活下去，才能夠得到愛」。

菩薩曾經說過：「沒有人是不能被取代的。」

太過執著在於某一個人身上、某一件事情上面，其實對你來講是痛苦的，那爲什麼不想想看，怎麼樣可以讓這段關係更好？

如果你覺得經由你的努力，可以讓這段關係更好，那麼你就盡情的去努力，也許對方沒有給你很好的回應，那就繼續努力吧！

一直到對方有給你好的回應爲止，或者是一直到你覺得要放棄爲止。

這都是你的選擇，但沒有必要在別人身上找答案。

也許有一天，你一直不斷的付出，也許得到了很大的愛，或者是你夢寐以求的愛，長久期待的愛。但也有可能你一直付出的情況下，到最後你碰壁了，覺得受傷了，你會自己想要收回，會再找別的方法去尋找到愛的。

所以這世界上，沒有一定的標準答案，也沒有一定非得怎麼做，不一定在別人身上才能找到你想要的答案。

人生，可以是不同的答案，可以是不同的選擇。

我也真的希望大家學習在一段關係中，如果你真的覺得不開心、不快樂，別再壓抑自己，或者是別再強迫自己，一定要非得一頭栽進去，或者是執著在某一個點上。

如果真的都很盡力了，那麼也問心無愧了。

盡力付出了，就順其自然，也是一種很好的方法。

也許你掐得越緊，或是抓的越緊，對方可能會覺得窒息，覺得不舒服，那還不如放開多一點空間，讓彼此看得更清楚，或是讓彼此更確定那個關係。

也許你會更想要前進，或者是你會更確定對方真的是你想要陪伴的。

也許不要急著現在找答案，人生透由不斷的練習，才能夠學會。

我們剛開始出生的時候，走路是需要練習很多次的。

那麼談戀愛，其實也是需要練習，傷心也是需要練習的。

我們在這些練習的過程當中，可能會一直不斷的受到挫折，一直不斷的受到打擊，你也必須透由不斷的練習之後，才能夠知道自己該怎麼做，會是比較好的練習、比較適合自己的練習。

然後，這個練習的方法，每一個人其實都不一樣，也許這個方法很適合你，但不見得適合我。

所以我們每個人，都在找尋適合自己的練習方式，然後尋找自己的答案。

唯有透過不斷的練習之後，你才能學會，練習會造就成一個人的習慣，有了習慣之後，就開始汲取教訓也好，學到成果也好，最終學會了這件事情。

萬一學不會呢？怎麼辦？

沒關係呀！多學幾次或繼續學，這些都很重要。

如果說我們的人生，必須藉由不斷的跌倒、不斷的受傷來學習，而這都是我們該承受的，這都是我們在學習過程當中必須經歷的，那麼我們也必須接受藉由不斷的跌倒，才能知道自己該怎麼樣重新再站起來。

也許需要別人扶我一把，我自己要站起來的機率是很低的，我太脆弱了，我不容易，我很難過，我需要旁邊有人扶我一把，那也沒有什麼關係。

這時候適時的求救，適時的告訴別人：「我需要你幫我一把，或者是我需要你聽我講話。」願意表達都是很好的。

關係上的滿足在於願意付出，付出了就不再計較，能夠有愛，就能夠滿足所有的缺憾。

{好書推薦。}

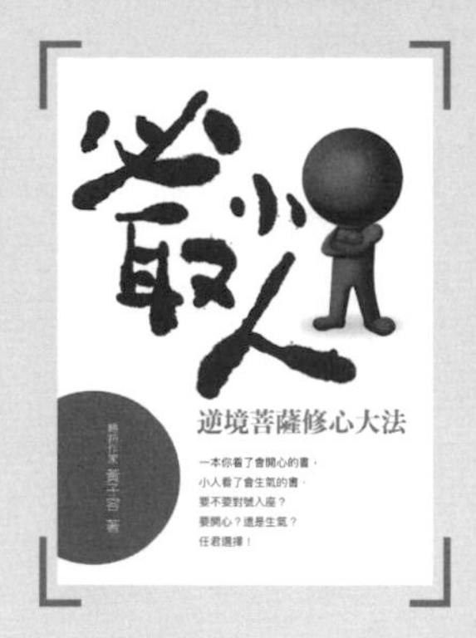

智在心靈 064

必取小人
逆境菩薩修心大法

暢銷作家　黃子容 著

一本你看了會開心的書，

小人看了會生氣的書，

要不要對號入座？

要開心？還是生氣？

任君選擇！

{好書推薦。}

智在心靈 065

看開看淡，
人生就能捨得放下

暢銷作家　黃子容 著

人生中，

不管心痛、煎熬、開心或快樂，

人生中的酸甜苦辣都在那個當下，

所有的痛苦都會結束，

所有的難關都會過去，

堅定的心念，

一切都會過去的。

{好書推薦。}

智在心靈 066

看開看淡，
人生就能捨得放下

暢銷作家　黃子容 著

樸實人生心領悟

菩薩心語如甘露

暖色人生心暖心

放下執著心開悟

智在心靈 061

與菩薩對話7
願

暢銷作家　黃子容 著

願您的心，安
願您的人，好
願您的情，真
願您的善，永
願您的愛，在
願您，一生平安

{好書推薦。}

智在心靈 062

念轉運就轉22
靈性修持人間修行

暢銷作家　黃子容 著

靈性修持，人間修行
智者相伴，靈性相挺
同類相吸，善美所在

{好書推薦。}

智在心靈 063

菩薩心語5

暢銷作家　黃子容 著

願您的心，安
願您的人，好
願您的情，真
願您的善，永
願您的愛，在
願您，一生平安

{好書推薦。}

智在心靈 059

與菩薩對話6
願心願行

暢銷作家 黃子容 著

一個人有願，就有了心，
有了心，就有了行，
只要有願心願行，
面對什麼困難都不怕了。

面對未來，你有菩薩陪著，
喜怒哀樂，都是安心的、平靜的，
因為你知道，菩薩與你同在。

{好書推薦。}

智在心靈 059

海天佛國普陀山
～觀音心，人間修行（上）

暢銷作家 黃子容 著

慈悲同心菩薩行
觀音心法人間行
悲運同體行願心
普陀山上行願行

{好書推薦。}

智在心靈 060

海天佛國普陀山
～觀音心，人間修行（下）

暢銷作家 黃子容 著

觀音心法在人間
人間菩薩在身邊
人生修行遇阻礙
不忘初心菩薩在

國家圖書館出版品預行編目資料

心要好好放 / 黃子容著. -- 初版. -- 新北市：
光采文化出版事業有限公司，2021. 09
面； 公分. --(智在心靈； 69)
ISBN 978-986-99126-7-9(平裝)
1. 生命哲學 2. 生活指導
191.9 110014341

智在心靈 069
心要好好放

作　　者　黃子容
主　　編　黃子容
封面設計　顏鵬峻
美術編輯　陳鶴心
校　　對　黃子容
出 版 者　光采文化出版事業有限公司
新北市永和區中正路454巷6-1號1F
電話：(02) 2926-2352
傳真：(02) 2940-3257
http://www.loveclass520.com.tw
法律顧問　鷹騰聯合法律事務所　林鈺雄律師
製版印刷　皇輝彩藝印刷事業有限公司

2021年9月初版

總經銷：大和書報圖書股份有限公司
地　址：新北市新莊區五工五路二號
電　話：(02) 8990-2588
傳　真：(02) 2290-1658

定價 300 元
ISBN 978-986-99126-7-9
Printed in Taiwan

luminosity
luminosity luminosity luminosity
luminosity luminosity luminosity luminosity
luminosity luminosity luminosity luminosity
luminosity luminosity luminosity luminosity
luminosity luminosity luminosity luminosity
luminosity luminosity luminosity luminosity
luminosity luminosity luminosity luminosity
luminosity luminosity luminosity luminosity